中国大学MOOC教材

中国现当代文学课堂丛书

中国现当代文学名作鉴赏（第二版）

主编 张志忠

ZHONGGUO XIAN-DANGDAI WENXUE MINGZUO JIANSHANG

中国教育出版传媒集团

高等教育出版社·北京

内容提要

本书是中国现当代文学课堂丛书之一。

本书涵盖小说、诗歌、散文和戏剧等文体。主要内容包括：莫言《红高粱》，李碧华《胭脂扣》，巴金、杨绛的散文，海子和昌耀的诗歌，路遥《平凡的世界》，赵树理的小说，艾青的诗歌，萧红《小城三月》，曹禺的戏剧，徐志摩的诗歌，周作人的小品文，鲁迅的小说。

本书既可作为大学相关课程的教材，也适合社会读者阅读。

图书在版编目(CIP)数据

中国现当代文学名作鉴赏 / 张志忠主编. -- 2版.
北京 ：高等教育出版社，2025. 9. -- ISBN 978-7-04-065300-7

Ⅰ. I206.6

中国国家版本馆 CIP 数据核字第 20255HY814 号

策划编辑 张晶晶 **责任编辑** 宇文晓健 **封面设计** 张文豪 **责任印制** 高忠富

出版发行	高等教育出版社	**网　址**	http://www.hep.edu.cn
社　址	北京市西城区德外大街 4 号		http://www.hep.com.cn
邮政编码	100120	**网上订购**	http://www.hepmall.com.cn
印　刷	上海叶大印务发展有限公司		http://www.hepmall.com
开　本	787mm×1092mm 1/16		http://www.hepmall.cn
印　张	15	**版　次**	2020 年 1 月第 1 版
字　数	248 千字		2025 年 9 月第 2 版
购书热线	010-58581118	**印　次**	2025 年 9 月第 1 次印刷
咨询电话	400-810-0598	**定　价**	36.00 元

物 料 号 65300-00

编 委 会

前　言

1917年，胡适和陈独秀在《新青年》上讨论“文学改良”和“文学革命”，掀起轰轰烈烈的“五四”新文学运动。百年文坛风潮迭起，名家辈出，名作众多。那么，阅读中国现当代文学作品，应该从哪里入手，应该取什么样的角度和路径呢？

“中国现当代文学名作鉴赏”就是满足你的阅读需要、提高你的文学鉴赏能力的一门很有创意的课程。首都师范大学文学院的十位教授、副教授，集思广益，从各自的教学和研究成果中萃取精华，精读精讲，建构起一座新文学百年的名作画廊，琳琅满目，美不胜收。这十位老师，有资深的文学评论家和博士生导师，眼光老到，经验丰富；有活跃的青年学者，敬业多思，才华横溢。他们讲授的内容足够丰富，这十位老师也足以让你见识智慧的风采。在每一讲的讲述方式上，则充分发挥每位主讲教师的学术个性，多样而互补，在大致的模板下面，是各位教师自我张扬的开阔空间，也让学生和读者尽可能地体会到每位老师所讲的精彩之处。

本书共有十二讲，涵盖了小说、诗歌、散文和戏剧等文体，筛选了不同历史时段和不同创作风格的十四位作家的作品：诺贝尔文学奖获得者莫言的《红高粱》缘何一举成名？被誉为“奇情才女”的女作家李碧华，怎样让早亡的如花穿越50年的风雪烟云在此岸还魂？劫后余生壮心不已的巴金和杨绛的散文有哪些亮点和差异？“诗歌王子”海子的麦地遐想和浪迹草原的昌耀的冷峭玄思在艺术的时空上做了哪些拓展？深受青少年读者喜爱的路遥的《平凡的世界》中除了励志还有什么更重要的文学价值？为什么说“土掉渣”的赵树理之《小二黑结婚》《李有才板话》开创了文艺大众化新方向？被誉为“民族诗人”的艾青，他怎样为民族的深重灾难、为饱经蹂躏的土地和火轮般滚来的太阳唱出心声？萧红的《小城三月》怎样引领我们进入这位传奇女子的幽深婉转的文学天地？曹禺的《雷雨》《日出》《原野》怎样表现生命的灵性？徐志摩给我们留下哪些宝贵的文学遗产？开启了新文学先河的文坛巨擘二周兄弟，提倡美文的周作人，品茶论道，谈古论今，平淡隽永的文字魅力从何而来？在我们自以为非常熟悉的《呐喊》《彷徨》背后，鲁迅蕴藏着什么样的矛盾心态？这些命题，都会在课程中深入浅出地铺展开来。

本书既讲授文学作品的鉴赏知识，也传授解读作品的路径和方法，由近及远，由易到难，有文本细读，有思想和情感分析，也有叙事视角探索、人物形象塑造和语言风格阐释。授人以鱼，也授人以渔。欢迎你和我们一起走进课堂，共同分享精神的魅力和审美的愉悦。

本教材的原创性在于如下几个方面：在中国式现代化进程的文学书写视野下，兼顾文本细读与理论指引的双重深度，文学特征阐述与作家个性描摹的双向拓展，思想情感的同理同情共鸣，艺术鉴赏力的精心开掘与培养。尤其是在中国现当代文学教学与研究被各种理论乱花迷眼，文学性逐渐失落的态势下，本教材对艺术鉴赏和审美韵致的推重，更有其鲜明的针对性。

关于本书的编排方式，很多同类著作，通常是顺着时间轴，从“五四”时期的周氏兄弟讲起，讲到当代作家。我们的编排方式是从当下的作家作品讲起，贴近人们的阅读经验与现实生活的感受，是由近及远，由易入难，进而打破时间和空间的阻隔，建立良好的阅读习惯。当然，作为纸本图书，读者无论从哪一讲开始阅读，都能进行有效的学习。

为了体现本教材的应用性，我们将课堂问答中的部分有关问题及解答放在书末。愿它能够帮助到你的学习。

张志忠

2025 年 2 月

目　　录

第一讲 莫言《红高粱》

第一节

少年成长、乡村经验与现代精神的融合

第二节

繁复交叉的叙事视角

第三节

童心盎然与丰盈感觉

第四节

“红高粱精神”辉耀大地

第五节

中国经验：生命的英雄主义与生命的理想主义

2012年12月11日，中国作家莫言在斯德哥尔摩从瑞典国王手中接过了诺贝尔文学奖的证书。那么，莫言从一个在山东高密放牛放羊、种高粱、摘棉花的少年，到登上诺贝尔文学奖的领奖台，享誉世界，在人生道路和文学赛道上，经历了怎样漫长而艰辛的探索历程？他的作品在艺术探索和情感表达上有什么独到的原创性？他给中国文坛和世界文坛带来什么样的传奇作品和宝贵经验？

《红高粱》选自《红高粱家族》

第一节　少年成长、乡村经验与现代精神的融合

莫言，原名叫管谟业，1955年2月17日生于山东高密大栏乡平安庄的一个普通农民家庭，是家中的第三个男孩。莫言五六岁时遭遇大灾荒，食物严重短缺，经常处于饥肠辘辘的状态；刚读书到小学五年级，就因为“文革”爆发而停止课堂学习；小小年纪较早地进入成人世界，11岁就参加生产队的集体劳动，给生产队放牛，在水利工地上给铁匠拉风箱，在田野上种高粱割麦子，也在县城的棉花加工厂打过工；1976年初应征入伍参加中国人民解放军，1981年在河北保定的文学刊物《莲池》第5期上发表小说处女作《春夜雨霏霏》，1984年秋入读解放军艺术学院文学系作家班，1985年在中国作家协会主办的《中国作家》上发表中篇小说《透明的红萝卜》，在文坛引起热烈关注。这一时期的代表作则是发表于1986年的《红高粱》，它不仅是莫言创作第一个高峰期的标志性作品，还是中国当代文学的经典之作。

其后，莫言一直在文学道路上勤奋探索，创作颇丰，在表现内容和艺术变革等方面进行不懈的创新试验，以其童心盎然的率真、深切入骨的写实与汪洋恣肆的想象相融合而著称。莫言以20世纪百年风云跌宕的中国历史进程为背景，塑造了一大批鲜活生动的乡村人物形象，创建了富有浓郁地域色彩的“高密东北乡”文学王国。到目前为止，莫言著有《丰乳肥臀》《檀香刑》《生死疲劳》《蛙》等长篇小说十一部，中短篇小说一百余部，还有相当数量的散文、戏剧和影视文学剧本等问世，如《我们的荆轲》《锦衣》《鳄鱼》。

古人云：艰难困苦，玉汝于成。少年时代的莫言，就过早地尝到了生活的痛苦，政治歧视，经济贫困，忍受饥饿与孤独，参加一个少年力不能及的集体劳动，种庄稼，在水利工地干活，放牛放羊。从20世纪50年代中后期起，“左”倾思潮愈演愈烈。莫言家庭是上中农成分，是入了“另册”的。政治的歧视和经济的贫困，给莫言留下惨痛记忆。少年莫言敏感多思，需要的是温暖、理解和童心的舒展。但是，在现实中，他更多地感到的是生活的孤独和沉重。物质的匮乏、心灵的饥渴，给他造成永难平复的创伤。不曾想到的是，这些苦难，后来都转化为莫言创作的宝贵资源。如其所言：“饥饿和孤独是我创作的两大财富。”

当然，生活还有明朗的一面，就是乡土文化的熏陶和生命自身的乐观顽强。莫言家乡高密地处山东胶州半岛，是中华民族历史上较早繁荣发达的区域。山东又是孔子、墨子、孟子的故乡，春秋战国时期的四大显学——儒墨道法，山东有其二也。中国古文化之两大源头为周文化和楚文化，胶东半岛上的齐文化与楚文化同源。现代著名学者李长之论证齐楚文化就是以“好奇”和想象为特征的浪漫主义文化。清人蒲松龄，“才非干宝，雅爱搜神，情类黄州，喜人谈鬼”，写成《聊斋志异》，他也是胶东半岛上的淄博人。以此而论，莫言作品之奇、想象之狂，可谓有悠久的历史根源。

莫言从七八岁就开始阅读文学作品，读遍了当时能够搜罗到的各种书籍，包括《三国演义》《水浒传》和“文革”前的中学语文课本，流行小说如《林海雪原》《青春之歌》《钢铁是怎样炼成的》《苦菜花》《三家巷》等。对鲁迅的《狂人日记》《药》《铸剑》和肖洛霍夫的《静静的顿河》，莫言更是印象深刻，这些作品令他受益匪浅。莫言从小喜欢听故事，也喜欢讲故事，他到集镇上去听说书人说书，然后回到家中把听来的故事再讲给母亲、姐姐听，由此接受流传久远的民间文化的熏陶，这也是他从事文学创作的前期准备。他在领取诺贝尔文学奖时的演说，主题就是“讲故事的人”。

莫言还赶上了20世纪80年代文学的狂飙突进。他有幸进入解放军艺术学院文学系作家班进行专业深造。在此，他开阔了文学视野，感应到文学思潮的起伏更替，接收到当代世界文学艺术的最新信息，接触到马尔克斯、福克纳、川端康成、陀思妥耶夫斯基等世界著名作家的作品，经历了价值观和审美观的更新，凡此种种，如八面来风，推动了莫言的文学之舟扬帆远行。而新时期文学至今的潮流涌动、风尚更替，也推助莫言日渐走向开阔和成熟。

第二节　繁复交叉的叙事视角

中篇小说《红高粱》是莫言在本土与世界上流传最广、影响最大的作品，究其原因，它得益于张艺谋同名电影《红高粱》对小说的传播和扩散，电影的艺术语言要比文学作品更易于流传，同时，《红高粱》小说本身的鲜明特色，是其基本内核，这也是毋庸置疑的。

《红高粱》发表于1986年第3期的《人民文学》，描写的是“我爷爷”余占鳌、“我奶奶”戴凤莲轰轰烈烈的爱与死的故事。余占鳌和戴凤莲，在包办婚姻盛行的胶东乡村，敢爱敢恨，奋不顾身地追求爱情自由和个性解放，开启了一场轰轰烈烈的爱情，并且有了一个小名叫豆官的儿子。戴凤莲在余占鳌和罗汉大爷的帮助下，把单家的红高粱酒坊经营得有声有色，非常兴旺。但是，日本侵略者的到来，彻底毁灭了他们的幸福生活。此时已经成为一支农民自发武装首领的余占鳌为报国仇家恨，在墨水河大桥伏击日军的车队。前来送干粮的戴凤莲倒在日军机枪的扫射中。乡亲们以低劣的武器与配有现代装备的日军血拼到底，除了余占鳌和小豆官，这支农民武装也全军覆没，与强敌同归于尽。但是，这场战斗也取得了重大胜利，全歼了鬼子的车队，大快人心。

这是一个讲述中国农民爱与恨的故事，讲述中国农民在民族灾难面前奋不顾身殊死抗战的故事，在作品的艺术表现力和讲述中国农民的历史贡献方面，都取得了非常重要的成就。

《红高粱》的叙事特征之一，就是繁复交叉的叙事视角。叙事视角是文学叙事学中的重要术语，简而言之，就是谁在讲故事，以及伴随讲述所渗透着的情感评价。叙事视角的不同，决定了故事的讲述方式与情感走向，而叙事视角的选取和变换，也是莫言艺术创新的重要方面。

《红高粱》是这样开头的：

> 一九三九年古历八月初九，我父亲这个土匪种十四岁多一点。他跟着后来名满天下的传奇英雄余占鳌司令的队伍去胶平公路伏击日本人的汽车队。奶奶披着夹袄，送他们到村头。余司令说："立住吧。"奶奶就立住了。奶奶对我父亲说："豆官，听你干爹的话。"父亲没吱声，他看着奶奶高大的身躯，嗅着奶奶的夹袄里散出的热烘烘的香味，突然感到凉气逼人，他打了一个冷战，肚子咕噜噜响一阵。余司令拍了一下父亲的头，说："走，干儿。"

这样的开篇先声夺人，通过"我爷爷""我奶奶"的称谓，一下子拉近了叙事人与叙事对象的距离，在二者间建立起血缘关系，也让读者产生一种新异的亲切感——"我"在小说中出现，作为在场者，作为第一人称的叙事人，并不罕见；但是，站在20世纪80年代的时间点上，去讲述"我"出生前的祖辈父辈的往事，采用"我爷爷""我奶奶""我父亲这个土匪种"的口吻，在当时的文坛，却属于第一次，"说破英雄惊煞人"。这样的创新，类似于哥伦布的竖鸡蛋，但是，捅破这一张纸，却值得称赞。①

这样的开篇，建立起作品的双重叙事视角。第一种视角是"我父亲"的视角，14岁的小豆官，跟着乡村自发武装的头领余占鳌去参加墨水河大桥伏击战，以一个少年人的稚嫩心态感受残酷血腥的战斗场面，体验他尚且未能充分理解的成人世界。比如说他叫作干爹的余占鳌，就是他的生身父亲，但他被蒙在鼓里，不明真相。第

① 莫言用"爷爷""奶奶"和"父亲"的称谓写小说，始于《秋水》，但因为《秋水》发表在一个知名度较低的刊物上，所以没有引起及时的注意。

二种叙事视角来自故事的叙事人“我”，即小豆官的儿子，余占鳌的孙子。在故事的进行当中，豆官只有 14 岁，“我”就更没有资格和理由出现在现场。但是，作为比“我父亲”更幼小的一代，“我”却穿越历史而充当作品的一个叙事者，争夺话语权，表现出孩子的任性和懵懂，虽然于理不合，却也合情。而且，叙事人“我”是一个童言无忌的孩子，他竟然把自己的父亲称作“土匪种”，一半是写实，一半是嘲弄，亦真亦幻地把读者带回到抗日战争时期的烽火岁月。

接下来，作品就沿着复杂的线索和多重视角叙事而展开。故事的起点，如前所述，是豆官在村口告别母亲戴凤莲，跟着余占鳌要去参加墨水河大桥伏击战。接下来，故事呈现出两条放射线：一方面铺叙出豆官和余占鳌经历墨水河大桥伏击战的惨烈战斗过程；一方面又不时地回溯从前，像电影中的闪回一样，补叙出余占鳌和戴凤莲的爱情往事，并且延展出墨水河大桥伏击战的前因后果。但是，豆官的视角毕竟有很多局限，无法充当一个从头到尾的故事的在场者。因此，作品又不动声色地采用了灵活多变的叙事视角，有的时候是“我奶奶”戴凤莲的主观视角，有的时候则是第三人称的全知叙事。其间还夹杂了作品叙事人“我”对于历史记忆和今昔对比多嘴多舌、妄加评议的线索。这个“我”，作为莫言的代言者，显然是出生于 20 世纪 50 年代的，把作品中他自己本来没有亲历过的事情，和他对于家乡、对于土地、对于自己英雄前辈的评价和议论，时不时地夹杂进来，使得作品头绪繁杂。

这是采用“我奶奶”戴凤莲的主观视角叙事而产生出来的一段文字：

> 父亲跑走了。父亲的脚步声变成了轻柔的低语，变成了方才听到过的来自天国的音乐。奶奶听到了宇宙的声音，那声音来自一株株红高粱。奶奶注视着红高粱，在她朦胧的眼睛里，高粱们奇谲瑰丽，奇形怪状，它们呻吟着，扭曲着，呼号着，缠绕着，时而像魔鬼，时而像亲人，它们在奶奶眼里盘结成蛇样的一团，又忽喇喇地伸展开来，奶奶无法说出它们的光彩了。它们红红绿绿，白白黑黑，蓝蓝绿绿，它们哈哈大笑，它们嚎啕大哭，哭出的眼泪像雨点一样打在奶奶心中那一片苍凉的沙滩上。高粱缝隙里，镶着一块块的蓝天，天是那么高又是那么低。奶奶觉得天与地、与人、与高粱交织在一起，一切都在一个硕

大无朋的罩子里罩着。天上的白云擦着高粱滑动，也擦着奶奶的脸。白云坚硬的边角擦得奶奶的脸綷縩作响。白云的阴影和白云一前一后相跟着，闲散地转动。

这是戴凤莲弥留之际，一会儿清醒、一会儿迷糊所产生的种种主观感受。首先是听觉，豆官跑走的脚步声转换为“轻柔的低语”，再逐渐过渡到“天国的音乐”，然后去追索声音的发源处——“一株株红高粱”，于是将叙事焦点集中于红高粱上，从戴凤莲的眼中和耳中，刻画出红高粱生命力强悍而至于扭曲变形、色彩变幻的形象。白云擦着脸的感觉，进一步拉近了她与高粱、蓝天的距离。这样的描写非常别致，又切合戴凤莲身负重伤、生命垂危之际感觉紊乱的特定情境。

在《红高粱》中，有“我”的叙事视角，有“我父亲”的叙事视角，有“我奶奶”的叙事视角，这就是通常所说的主观受限叙事。它的好处是可以作为故事的在场者和当事人，直接地讲述自己的所见所闻、所思所感，可以自由表达自己的情感和思绪；它也有限制，就是只能讲述自己接触过的人和事，眼界有限，难以一览全局。于是，作为全知叙事人的“我”就被赋予了新的功能，作为后来人和事件的调查者，可以摆脱主观视角来讲述故事，许多时候又悄悄转入全知全能的第三人称客观视角，从宏观角度去展现全景画面和故事全貌。

依照研究叙事学的中国学者申丹所言，无论是在文字叙事还是在电影叙事或其他媒介的叙事中，同一个故事，若叙述时观察角度不同，会产生大相径庭的效果。英国学者帕西·卢伯克在《小说技巧》中指出，“小说技巧上错综复杂的问题，全在于受视角的支配，即作者同故事之间的关系问题”，将叙事视角置于更为重要的地位。反之，对小说的叙事特征的分析需要费一点力气。尤其是在文学和文化都进入了快餐式消费的当下，人们习惯了没有难度的阅读，习惯了顺顺溜溜一条线讲到底的故事。但是正像柏拉图所说，“美是难的”。审美鉴赏能力并非不学而能，也不会一蹴而就，要领会作家的独特创造和艺术创新，就需要读者的自我提升和艺术观念的更新。

就莫言而言，他对《红高粱》的繁复的叙事技巧与叙事自由的关系是非常看重的：

我一向认为，好的作家必须具有独创性，好的小说当然也要有独创性。《红高粱》这部作品之所以引起轰动，其原因就在于它有那么一点独创性。将近二十年过去后，我对《红高粱》仍然比较满意的地方是小说的叙述视角，过去的小说里有第一人称、第二人称、第三人称，而《红高粱》一开头就是“我奶奶”“我爷爷”，既是第一人称视角又是全知的视角。写到“我”的时候是第一人称，一写到“我奶奶”，就站到了“我奶奶”的角度，她的内心世界可以很直接地表达出来，叙述起来非常方便。这就比简单的第一人称视角要丰富得多开阔得多，这在当时也许是一个创新。①

这种视角的变化，使莫言获得了表达的自由，纵横捭阖，皆为文章。此后，他还在“我”“你”“他”等各种人称，孩子、动物、亡灵等叙事角度等方面，继续进行顽强的探索。

第三节 童心盎然与丰盈感觉

由小豆官的叙事视角，引申出《红高粱》的第二个特征，就是童心和童趣的介入，对战争岁月残酷场景的强化与弱化。作为故事的主要叙事人，14 岁的豆官是以幼小懵懂的心灵进入这场残酷无比的战争的。所谓强化，是以孩子的脆弱幼小的心灵，去感知那些连成年人也难以承受的苦难，让豆官目睹对罗汉大爷的活剥人皮的酷刑，亲历红高粱地里日军对村民的大屠杀：

两个伪军拖着血肉模糊的罗汉大爷向一根拴马高桩走去。父亲并没有立刻认出罗汉大爷。父亲看到了一个被打烂了的人形怪物。他被架着，一颗头忽而歪向左，忽而歪向右，头顶上的血嘎痂像落水的河滩上沉淀下那层光滑的泥，又遭阳光曝晒，皱了边儿，裂了纹儿。他的双脚划着地面，在地上划出一些

① 莫言：《我为什么要写〈红高粱家族〉》，《羊城晚报》，2012 年 10 月 17 日。

曲曲折折的花纹。人群悄悄地聚缩。父亲感到奶奶的手牢牢捏住他的肩膀,所有的人都变矮了,有的面如黄土,有的面如黑土。一时间鸦雀无声,听得清那条大狼狗哈达哈达的喘气声,那个牵狼狗的日本官儿放了一个嘹亮的屁。父亲看到伪军把那个人形怪物拖到一根高高的拴马桩前,一松手,怪物就像一堆剔了骨的肉瘫在地上。

父亲惊叫一声:“罗汉大爷!”

这样的场景处理,先排除了豆官在第一时间辨认出罗汉大爷的可能,饱经日军暴力摧残的罗汉大爷,失去了其身体的基本特征,也失去了生命的能力,以“被打烂了的人形怪物”出现在豆官的视野里,抑制了豆官的情感活动。作者用一种不动声色的冷峻描写,揭示出日军的嗜血暴行和罗汉大爷的悲惨境遇。“被打烂了的人形怪物”这个形象在读者的阅读中产生修正和补充,产生恐惧和震撼。

所谓弱化,则是在战场军情瞬息万变的紧张焦灼中,让不谙世事的豆官,以自己特有的心态,改变作品的叙述氛围,张而能弛,调节故事的节奏,如临战之际豆官的紧张状态既可笑又可怜:

已经听到了汽车嗡嗡的吼叫声。父亲伏在余司令身边,擎着沉重的勃朗宁手枪,手腕灼热酸麻,手掌汗水粘湿,手虎口那儿有一块肉突然跳了一下,接着便突突地乱跳起来。父亲惊讶地看着那块杏核大的皮肉有节奏地跳动,好像里边藏着一只破壳欲出的小鸟。父亲不想让它跳,却因用了力,连动得整条胳膊都哆嗦起来。余司令在他背上按了一下,那块肉跳动猛停,父亲把勃朗宁手枪换到左手,右手五指痉挛,半天伸不直。

明明是因为握枪时间过久用力过度导致的手指颤抖和痉挛,豆官却不明真相,“惊讶地看着那块杏核大的皮肉有节奏地跳动,好像里边藏着一只破壳欲出的小鸟”,这个细节发生在日军军车已经接近埋伏地点、战斗即将打响之际,它调节了作品的凝重和炽烈,由童心而产生谐趣。

从《透明的红萝卜》开始,孩子的目光就在莫言的作品当中形成一种先后相承、不断采用的叙事视角。不管作品讲的是什么年代，讲的是什么样的故事，儿童的参与，儿童的观察和思考，都给这些作品带来了一种别致的、对读者有很大诱惑力的艺术元素。比如说，在《红高粱》当中的小豆官，如果把这个人物拿掉，这个作品的主体恐怕不会受到大的伤害，但恰恰是小豆官的在场、评述，不谙世事又强作解人，使得这个作品非常生动，非常鲜活，使这个故事有了一种童心和童趣。

童年视角的引入，也拓展了莫言小说的艺术表现力。一个少不更事的孩子闯入成年人的世界，以一种幼稚的、充满了新鲜感的目光，去窥伺和探索未知的社会生活。诸多在成人看来日复一日、熟视无睹的自然的和生活的景观，对于刚刚打开全部的感官拥抱生活的孩子看来，都是非常新奇的，在成人的思考中，许多用简单的因果关系就能够说清楚的人和事，对孩子来说却是大惑不解，不知究竟；非逻辑思维的发达，又使得孩子的感觉能力和想象力超过成人。现实与想象，都交织在一起。作品进而实现了感觉的陌生化、感觉的更新，化熟识为新奇。如同俄罗斯的文艺理论家什克洛夫斯基所说的那样："艺术之所以存在，就是为使人恢复对生活的感觉，就是使人感受事物，使石头显出石头的质感。艺术的目的是要人感觉到事物，而不是仅仅知道事物。艺术的技巧就是使对象陌生，使形式变得困难，增加感觉的难度和时间长度，因为感觉过程本身就是审美目的，必须设法延长。"①

在日复一日的生活中，人们逐渐"钝化"了先天的各种感觉，对诸多事物都熟视无睹，失去感知和想象的兴趣；越来越发达的理性，无论是工具理性还是价值理性，都倚重于人们的理性能力，也将丰盈的感知能力贬斥为低级的能力，这显然是错误的，大错特错。马克思就说过，人以其全部的感觉感知世界，感觉能力的丧失，是资本主义畸形生产造成的人的异化的一种表征，人的全部感觉能力的恢复和张扬，则是人的解放的一种标志：

① 什克洛夫斯基：《作为技巧的艺术》，转引自朱立元：《当代西方文艺理论》，上海：华东师范大学出版社，1997 年，第 45 页。

> 私有财产不过是下述情况的感性表现：人变成对自己来说是对象性的，同时，确切地说，变成异己的和非人的对象；他的生命表现就是他的生命的外化，他的现实化就是他的非现实化，就是异己的现实。同样，对私有财产的积极的扬弃，就是说，为了人并且通过人对人的本质和人的生命、对象性的人和人的作品的感性的占有，不应当仅仅被理解为直接的、片面的享受，不应当仅仅被理解为占有、拥有。人以一种全面的方式，就是说，作为一个总体的人，占有自己的全面的本质。人对世界的任何一种人的关系——视觉、听觉、嗅觉、味觉、触觉、思维、直观、情感、愿望、活动、爱，——总之，他的个体的一切器官，正像在形式上直接是社会的器官的那些器官一样，是通过自己的对象性关系，即通过自己同对象的关系而对对象的占有，对人的现实的占有；这些器官同对象的关系，是人的现实的实现（因此，正像人的本质规定和活动是多种多样的一样，人的现实也是多种多样的），是人的能动和人的受动，因为按人的方式来理解的受动，是人的一种自我享受。①

如果说，马克思是在批判资本主义原始积累阶段累累罪恶的同时，愤怒控诉其对劳动者的全面异化，包括对人的感觉的"钝化"与剥夺，毁弃劳动者的创造欲和愉悦感，那么，20 世纪后半期的西方马克思主义理论家马尔库塞的理论，则是马克思这一命题的反转，他从批判发达资本主义对人性的扭曲，塑造"单向度的人"入手，提出了以激发人们的新感性为起点，从人性的解放达致社会的解放；马尔库塞在谈到对"单向度"的人的解救时，提到了对于一种新的感受力即"激进的感性"的创建问题。马尔库塞认为："'激进的感性'这一概念强调感觉在构造理性时那种能动的、建构的作用；所谓构造理性，即是指铸造那些借以去组织、经验、改造世界的范畴。感觉并非仅为被动的、接受的：它们具有自身的'综合'能力，它们导引着经验的原初材料。而且，这些综合并非仅仅是康德认为的那样，是不变地、先验地组织着感觉材料的纯粹'直观的形式'（空间和时间）；可以说，它们是另外一种更加具

① 马克思：《1844 年经济学哲学手稿》，见马克思、恩格斯：《马克思恩格斯全集（第三卷）》，中央编译局编译，北京：人民出版社，2002 年，第 302—303 页。

体、更加‘物质化’的综合形式，这种综合形式或许包含了经验的（即历史的）先验经验条件。我们的世界不仅出现于空间和时间的纯形式中，而且同时还作为一个感性性质的整体，即不仅是眼睛（视觉）的对象，还是所有人类感觉（听、嗅、触、尝）的对象。如果我们的社会改造真要造成革命性、实质上的变化，就必须彻底变革这种原初的经验本身，即彻底变革这种定性的、基本的、无意识的或者前意识的经验世界的结构。”①

依照马尔库塞的研究者丁国旗所言，“激进的感性”不是一般的感性，而是一种理性参与其中的感性，这类似于马克思对于“五官感觉”（“审美直观”）形成的经典论述，马克思认为在劳动中“生产不仅为主体生产对象，而且也为对象生产主体”，人的“五官感觉的形成是以往全部世界历史的产物”。这种带有以往全部历史的“五官感觉”实际上也就是理性介入其中的人的感性，即“激进的感性”。而马尔库塞之所以如此强调这一感性，是因为在发达工业（技术）社会中，这一带有以往全部历史的“五官感觉”已经没有了“历史性”，而只剩下了“感性”，这是一种动物的感性。发达工业社会使人变成了物，马尔库塞正是以此来深入批判发达工业（技术）社会的控制体系的。②

第四节 “红高粱精神”辉耀大地

《红高粱》叙事的第三个特征，是将写实与象征结合起来，浓墨重彩地建立了“红高粱精神”的总体象征。

《红高粱》中，“我爷爷”“我奶奶”的故事都发生在高粱地里，“我奶奶”在出嫁的路上遭遇高粱地里跳出来的土匪的劫财劫色，作为抬轿子的轿夫的余占鳌挺身而出，英雄救美；余占鳌和在回娘家路上的戴凤莲在高粱地里野合狂欢，情定终身；鬼子要修胶平公路而踩踏毁坏农民的高粱地，犯下累累罪行；戴凤莲为余占鳌的农民

---

① 马尔库塞：《审美之维》，李小兵译，桂林：广西师范大学出版社，2001 年，第 124 页。

② 丁国旗：《寻找“新感性”——马尔库塞“新感性”的诸种形式》，见钱中文：《中国中外文艺理论学会年刊（2010 年卷）》，开封：河南大学出版社，2011 年，第 277 页。

游击队送干粮突遭日军车队机枪扫射而血洒高粱地；日军为了报复墨水河大桥伏击战而大开杀戒，众多乡亲的血将高粱地浸泡得如同烂泥……

与此同时，红高粱又被凝聚成精神图腾，成为中国农民为了抗争险恶环境、保卫自己生存权利的一种象征，成为高密东北乡大地的宝贵精神遗产：

> 一个苍凉的声音从莽莽的大地深处传来……我的整个家族的亡灵，对我发出了指示迷津的启示：
>
> 可怜的、孱弱的、猜忌的、偏执的、被毒酒迷幻了灵魂的孩子，你到墨水河里去浸泡三天三夜——记住，一天也不能多，一天也不能少，洗净了你的肉体和灵魂，你就回到你的世界里去。在白马山之阳，墨水河之阴，还有一株纯种的红高粱，你要不惜一切努力找到它。你高举着它去闯荡你的荆棘丛生，虎狼横行的世界，它是你的护身符，也是我们家族的光荣的图腾和我们高密东北乡传统精神的象征！

著名文学评论家雷达称赞"红高粱精神"说，"红高粱精神"是一种广阔而深刻的民族精神。如果说，感悟到它需要灵性，那么要具体地表现出这种悲壮高洁、强悍不屈的精神，就需要调动作家的全部生活经验，它的难度在小说中要比在散文中更大。我们阅读"红高粱系列小说"，最需要感受体会的正是这种精神的洋溢和流贯，而不是仇杀和血战的热闹故事，因为这种精神才是小说中的诗。"红高粱系列小说"不像那种以鲜明的社会政治主题和丰满细密的生活块垒构成的求实之作，它的主题朦胧、隐蔽而深邃，属于所谓"象征主题"，它是以灼热的精神和流动的气韵贯串着的抒情型作品。在特定的意义上，我们也无妨把它作为象征主义作品来读。①

雷达这样界定"红高粱精神"：

① 雷达：《历史的灵魂与灵魂的历史——论红高粱系列小说的艺术独创性》，见杨扬：《莫言研究资料》，天津：天津人民出版社，2005 年。

一方面，它是人与自然契合冥化的象征：红高粱是千万生命的化身，千万生命又是红高粱的外现，天人合一，相生相长，让人体验那天地之间生生不息的生命律动，从而引向人与自然、生命与地域的重叠、合影、浑一的魂归自然和宇宙之故乡的境界。另一方面，也是较为显露的一面，它又是历史与现实契合的象征：象征坚韧，象征不屈，象征苦难，象征复仇，象征英雄主义，象征纯朴而狂放的道德，一句话，象征伟大民族的血脉、灵魂和精神。①

与“红高粱精神”针锋相对的，不仅是当年本土的和日本的邪恶势力，还包括生活在当代的“我”——故事的叙述者，在现代生活中失去了父辈祖辈的英雄血性和抗争精神，日渐异化：“我曾经对高密东北乡极端热爱，曾经对高密东北乡极端仇恨，长大后努力学习马克思主义，我终于悟到：高密东北乡无疑是地球上最美丽最丑陋、最超脱最世俗、最圣洁最龌龊、最英雄好汉最王八蛋、最能喝酒最能爱的地方。生存在这块土地上的我的父老乡亲们，喜食高粱，每年都大量种植。八月深秋，无边无际的高粱红成汪洋的血海。高粱高密辉煌，高粱凄婉可人，高粱爱情激荡。秋风苍凉，阳光很旺，瓦蓝的天上游荡着一朵朵丰满的白云，高粱上滑动着一朵朵丰满的白云的紫红色影子。一队队暗红色的人在高粱棵子里穿梭拉网，几十年如一日。他们杀人越货，精忠报国，他们演出过一幕幕英勇悲壮的舞剧，使我们这些活着的不肖子孙相形见绌，在进步的同时，我真切感到种的退化。”

什么是“种的退化”呢？就是人们常说的“一代不如一代”，欲望的恶性膨胀与生命力的衰退，斗争性的丧失与英雄禀赋的阙如。在余占鳌和戴凤莲的风流史和英雄史中，常常冒出来作为他们的后人和故事讲述者的“我”的失落和惆怅，这才是前面所讲到的，是“我”反复出现在作品中的深意所在。在“最英雄好汉最王八蛋”的前人面前，“我”不由自主地感到自己的渺小和可悲，是一个“可怜的、孱弱的、猜忌的、偏执的、被毒酒迷幻了灵魂的孩子”。

莫言指出，非但人的种族在发生着惊人的又不为人所察觉的退化，连自然界也

① 雷达：《历史的灵魂与灵魂的历史——论红高粱系列小说的艺术独创性》，见杨扬：《莫言研究资料》，天津：天津人民出版社，2005年。

在蜕变和萎缩。壮丽血海般的红高粱被丑陋的杂种高粱（杂交高粱）替代了。这是源自丰富的乡村生活经验的写实，只有亲历过北方高粱种植史的农民才能体会到。20 世纪 70 年代，为了提高粮食产量，社会曾经大面积推广名为“杂交五号”的新的高粱品种。它产量高，却形象不佳，如莫言所描写的那样，面目丑陋，个头比本地高粱矮了一大截，穗头不红不绿，磨出的面粉涩巴巴的，口感极差；最重要的是它自身无法完成物种传承，年年都要人工育种，缺少自然物种的生命力。

这也是与“红高粱精神”相对比的一种象征——“种的退化”。社会进化，人类文明，都是由低级向高级发展的。但是，它也带来了另一面：随着现代科学技术和社会组织的高度发展，人的生命活动领域和活动强度都愈缩愈小，人与自然的相亲相和的关系、人的生命的自然状态，都被破坏了；舒适的生活条件，给人们带来了各种享受和安逸，却也容易使人沉溺于安乐。马克思的异化理论所批判的劳动者与劳动对象关系的异化、人际关系的异化、人的本质的异化，则为“种的退化”提供了坚实的理论基础。

于是，在先辈的辉煌壮烈和“我”的自惭形秽的对比中，“红高粱精神”凸显出来。回看一下我们前面的那段引文——戴凤莲弥留之际与天与地与红高粱的心灵对话，再对《红高粱》作一些细读，我们可以发现，在作品的展开中，“红高粱精神”就像音乐作品中的主题一样，经过了呈现、展示、反复、回环，而逐渐地凝聚成一个宏大的意象，喷薄而出。

第五节　中国经验：生命的英雄主义与生命的理想主义

中国经验：生命的英雄主义与生命的理想主义（视频）

在后辈儿孙的心目中，在乡土大地流传的故事中，余占鳌和戴凤莲的英雄传奇，璀璨炫目，带有极为强烈的艺术想象和艺术的冲击力。如作品所言，他们不仅是抗日英雄，而且是个性解放、爱情自主的先锋。这样的农民形象，有别于鲁迅笔下的阿 Q、闰土和祥林嫂，麻木不仁地苟活于屈辱的困境之中；也有别于沈从文笔下那些像无知无识的小动物般在明净山水中生活的翠翠和三三们。他们有生命的血性，有勇敢的叛逆，有创造自身的新生活、创造时代、创造历史的强大能力。他们也许没有启蒙主义知识分子的高远理想；但是，他们却有着雄厚的历史传统和大地野性，敢爱敢恨，能生能死。就像余占鳌和当地农民的奋起抗日，不是因为政治动员和民族大义的召唤，而是来自他们的切身体验，日军对占领区民众的蹂躏、奴役和杀戮，情同自家人的罗汉大爷的惨死；就像那个质朴愚钝的农民王文义，三个儿子都被日军的轰炸机炸成了碎块，此仇不报，何以为人？

综观莫言的创作，歌颂中国农民源自质朴生命的英雄主义、理想主义，是其中的一条主脉。莫言对乡村的书写，对乡土大地原生态的英雄主义、理想主义的歌颂，是有厚重的历史底蕴的，就是农民的信念、农民的执着、农民的质朴，中国农民强悍的生命力。在现代历史进程中，我们看到，中国的农民再一次爆发出了强大蓬勃的生命力，抗日战争，解放战争，以农民为主组成的军队，战胜了装备精良的部队。改革开放以来，先是各地农民自发地包产到户，敢为天下先，后是几千万农民工进城，创造了一座座现代都市的崛起神话。中国这一百年历史的进程，就是农民一次又一次地迸发出强悍坚韧的生命力的过程，壮士断腕，凤凰涅槃，才推动了历史，创造了历史，改变了中国的命运，也改变了农民自身。

从这个层面来讲，莫言的小说正好印证了中国农民强大的生命力、创造力，生生不息，追求不已。他在很大的程度上塑造和强化了 20 世纪中国农民的形象，农民的苦难和农民的追求，尤其是生命的英雄主义、生命的理想主义。这就是文学化了的中国特色、中国经验。

参考文献

［1］ 莫言．红高粱［M］//莫言．红高粱家族．上海：上海文艺出版社，2012.

［2］ 雷达．历史的灵魂与灵魂的历史——论红高粱系列小说的艺术独创性［M］//杨扬．莫言研究资料．天津：天津人民出版社，2005.

［3］ 叶开．莫言评传［M］．郑州：河南文艺出版社，2008.

思考题

1．从乡村生活经验、刻苦自修和时代推动三个方面阐述莫言的文学道路。

2. 简述“我奶奶”戴凤莲的叙事视角所表现的戴凤莲的人物心理和性格。

3. 谈谈你所理解的“红高粱精神”。

4. 谈谈莫言作品讲述的中国故事的特色。

（张志忠）

第二讲 李碧华《胭脂扣》

第一节

李碧华及其创作

第二节

跨界穿越的传奇叙事

第三节

怀旧情结与香港回忆

第四节

现代意味的文化反思

第五节

雅俗共融　图文并生

改编自李碧华同名小说，由关锦鹏执导，张国荣、梅艳芳主演的电影《胭脂扣》，如今已成为观众心中的经典之作。人鬼情未了的爱情故事不算什么稀奇题材，但《胭脂扣》让李碧华一炮走红。

这是因为，她的小说不仅有扣人心弦的言情故事，还因其特定的历史书写方式和时代背景呈现出更丰富的思想内涵，所以能轻松跨过纯文学与商业写作、文学与电影之间的屏障，成为一个奇迹。

《胭脂扣》

第一节　李碧华及其创作

李碧华，原名李白，祖籍广东台山，出生并成长于中国香港。从 1976 年至今，李碧华曾做过小学教师、记者（人物专访）、舞台剧策划、影视编剧。据统计，截至 2010 年，香港天地图书有限公司出版其小说《胭脂扣》《霸王别姬》《潘金莲之前世今生》《生死桥》《秦俑》等 11 部，短篇小说集、散文集 80 余部，这些作品多次再版。其中，小说《胭脂扣》《潘金莲之前世今生》《川岛芳子》《霸王别姬》《诱僧》《青蛇》《饺子》等被改编成电影，广受好评，屡获奖项，为李碧华赢得“奇情才女”之称。

李碧华及其创作（视频）

李碧华其人如其文，同样充满了传奇色彩。她虽是香港文坛大名鼎鼎的才女，却很少出现在公众视野中。人们与她合作被要求“约法三章”：一不使用照片；二不参加签名售书仪式；三不接受直线电话采访。为回避与读者见面，她甚至放弃了“香港十大畅销书奖”。李碧华曾说：“别那么好奇我的面貌，我是那种摆到人群里，不容易被认出来的样子。和外界的人和事保持适当的距离，对我来说是好的，不记挂着自己的影响力了，不至动不动就把自己当作苦海明灯，方才真可以潇潇洒洒地写。”[①]她曾写下一份《李碧华档案》，并在其中这样描述自己的职业特色——“夸张、虚构、捏造、渲染、无中生有、唯恐天下不乱”。从中不难看出李碧华的写作特色，即她有一种洞察世情的狡黠，在嬉笑怒骂中显现赤子本色。

李碧华的作品面世后，因畅销形成了图书界的“李碧华现象”[②]，这与她小说独特的创作模式密切相关。正如同提到金庸，人们会想到武侠；提到琼瑶，人们会想到言情；而李碧华的独特之处在于招牌式的前世今生、人鬼情未了、故事新编，这些也是构筑李碧华奇情小说世界的重要元素。

李碧华喜欢将不寻常的元素运用到文学创作中，她对古典文学中人鬼狐妖作品有浓厚兴趣，《西游记》《聊斋志异》《阅微草堂笔记》等都是她的最爱。此外，日本的妖怪书及希区柯克的电影《迷魂记》也深受其喜欢。轮回、背叛、凶杀、浪漫和宿命等元素在其创作中大有体现，如《潘金莲之前世今生》对轮回与宿命的描写，《生死桥》《青蛇》对背叛与欺骗的描写，《秦俑》《诱僧》对凶杀与浪漫爱情的描写，都极为精彩。

另外，她所处的时代环境也是影响其写作的重要因素。香港是个商业社会，作家首先要考虑生存问题，这导致“快餐”文学大行其道，严肃文学处于边缘地位。李碧华的文学创作正是在这种商业文化语境下进行的。

身为职业作家，李碧华看透了香港以市场和读者为导向的“文化工业”模式，在“叫好”与“叫座”之间，她优先考虑“叫座”。其小说注重题材的趣味性、情节的戏剧性、语言的简洁性等，具有通俗文学的审美特征；同时，又不一味地迎合大众，具有反思性和批判性，从而在严肃文学与通俗文学之间走出了一条“中间路线”。作为通俗文学，李碧华的小说沿袭了传统文学中的传奇叙事，增强了文本的可读性；同时又能从现代性角度反思当下香港社会，并探寻香港人的身份认同，这就使其具备

① 花妮儿：《“熟悉”的陌生人》，《中国女性（中文海外版）》，2004年第3期。
② 钟洁玲：《我与李碧华的“缘分”》，《青年作家》，2011年第1期。

了严肃文学的精神特质。

第二节　跨界穿越的传奇叙事

李碧华的小说能赢得市场与口碑，又受到诸多导演的青睐，与其小说的传奇特色息息相关。深受中国古典小说影响的李碧华，擅长创作个性鲜明的传奇故事，一方面赋予故事通俗性，另一方面通过时空的并置与回环生发出丰富的历史文化内涵和艺术生命。

何为传奇小说？鲁迅《中国小说史略》中这样定义："传奇者流，源盖出于志怪，然施之藻绘，扩其波澜，故所成就乃特异，其间虽亦或托讽喻以纾牢愁，谈祸福以寓惩劝，而大归则究在文采与意想，与昔之传鬼神明因果而外无他意者，甚异其趣矣。"①由此可见，传奇小说源于魏晋南北朝志怪小说、志人小说，多写奇事，情节曲折，注重文采。

李碧华小说被称为"传奇"，首先表现为其作品多讲述奇事，其次表现在穿越生死与轮回的叙事框架上。《胭脂扣》沿袭传统文学中才子佳人的故事主题和神鬼故事的叙事框架，继承传统的妖鬼文化和神秘意象，较之一般才子佳人故事更具传奇色彩。

《胭脂扣》共有三奇：奇人、奇事、奇情。主人公如花身为妓女，不愿为金钱放弃尊严而去找个有钱恩客，反而愿意为了爱情牺牲金钱甚至生命，即使死后为鬼也要以来世折寿为代价返回阳间寻找心上人，这样的女子放在旧时代也是一朵无人理解的奇葩。李碧华不仅通过如花执着坚定的爱情观，颠覆了不少人对旧时代风尘女子的固有看法，还赋予她跨越人鬼、生死、时间的能力，奇人、奇事和奇情重叠在一起，引发一系列传奇般的化学反应。

哈佛大学王德威教授曾说："李碧华擅长写情爱，却不是一般痴男怨女的情爱，

---

① 鲁迅：《中国小说史略》，天津：百花文艺出版社，2001 年，第 47 页。

在她的世界里，古为今用，人鬼同途，生生死死，轮回不已。”[①]他认为李碧华的创作从人物到故事，都具有某种特殊性。这种奇人、奇事、奇情在李碧华的小说里比比皆是。综观其创作，她笔下的主人公，要么身份特殊，如公主、戏子、妓女、间谍、荡妇；要么身份奇异，如鬼怪妖精，且个性鲜明，离经叛道。他们在李碧华的小说中上演各种传奇故事。这些故事有的取材于社会现实，是反思当下的现代寓言，如《胭脂扣》《生死桥》。有的取材于古代典籍，是转换主题的故事新编，如根据《白蛇传》改编的《青蛇》，古老的传说在香港的商业文化语境下再度复活时，“报恩”主题已变成“情欲”主题，演绎了现代社会极为普遍的“三角恋”故事，映射出现代男女之间的爱情博弈。《潘金莲之前世今生》将出轨故事，转变为不幸女子寻求真爱的故事。《霸王别姬》则将异性之爱演绎成同性之恋。更有甚者，《梁山伯自白书》将两情相悦的爱情绝唱演绎成情感算计。

所谓“故事新编”，就是指对古代文学典籍、神话传说、历史故事等进行改写，一个层面是对传统文本意义的延续或更改，更深一个层面则是指作家主体精神的介入和时代语境下的再创造。鲁迅是中国现代文学史上故事新编的鼻祖，香港也有诸多作家继承了这一衣钵，如刘以鬯、陶然、西西、李碧华等。李碧华又被称为“香港作者中‘旧题新作’用力最深的一人”[②]。“独特的视角、对经典的重塑和颠覆，使李碧华的作品具有一种让人觉得既熟悉又陌生的张力，既和现实有距离感又贴近人性本色，令读者充满了好奇，不读不罢休。”[③]

除了故事主题和叙事框架，李碧华作品传奇色彩的彰显，还得益于表现手法的“奇异化”和“反常化”，这种手法也被称为“陌生化”，是苏联形式主义文论家什克洛夫斯基提出来的。“陌生化理论”在中国文学中最好的实践类型之一就是穿越文学，主要表现为文本的叙事时间忽略或有悖于正常的时间流程，具有可逆性或跳跃性。李碧华小说凭借高度浓缩的时空变幻特征，开风气之先，被尊为“穿越文学鼻祖”，进而引领了香港一代写作风潮。所谓“穿越文学是指主人公凭借某种媒介从自己的时代穿越时空回到过去或者穿越到未来甚至虚拟空间，以在场的方式参与

---

① 王德威：《现代中国小说十讲》，上海：复旦大学出版社，2003 年，第 314 页。

② 也斯：《香港文化十论》，杭州：浙江大学出版社，2012 年，第 83 页。

③ 陈川：《空白十年，李碧华作品再度面市》，《信息时报》，2013 年 11 月 15 日。

了另一个时空历史演变的文学作品”。①

李碧华的小说时间和空间元素的跳跃性极大。她喜欢跨越正常逻辑下的时间叙事，重新架构起一套随性甚至充满悖论的时空体系，大量的穿越、鬼怪、还魂、阴阳交替等因素，使得时空束缚几近消失。《胭脂扣》通过时空穿越表现香港的沧桑变化，传达出历史偶然性与必然性相互交叠的宿命意味。小说将现实中完全相悖的时间、空间和人物并置到一起：20 世纪 30 年代的香港与 80 年代的香港、阴间与阳间、人与鬼。仅七天的时间，旧时代的女鬼如花穿越了 50 年，重回旧地来体验香港的现代生活。在时空的二元转换与回环中，小说完成了两个年代香港的对比，从而对香港当下社会进行了反思，使得作品呈现出了更为丰富的社会历史文化内涵。

下面这个片段描述了作为叙事人的“我”——袁永定，与“死而复生、穿越时空”的如花，在街头邂逅时的诧异与迷惘：

时夜已深，回首一看，石塘咀早已面目全非，她如何找得“老地方”？真烦恼。她站在那里，一脸惶惑。此情可待成追忆，只是当时已惘然。

如何安置这个迷路的女鬼？

“你到了吧？”

“我在哪里？”她几乎要哭出声来，“这真是石塘咀吗？”

她开始认路：

“水坑呢？我附近的大寨呢？怎么不见了欢得、咏乐？还有，富丽堂皇的金陵酒家？广州酒家呢？……连陶园打八音的锣鼓乐声也听不到了——”她就像歧路亡羊。

“日后十二少如何会我？”

还念念不忘她要寻找的人。

“我怎么办？”

忽然之间，她仓皇失措地向我求助。

① 李智伟：《关于穿越文学的美学思考》，《当代文坛》，2013 年第 4 期。

我如何得知怎么办？我如何有能力叫一切已改变的环境回复旧观？我甚至不可以重过已逝去的昨天，何况，这中间是五十多年？我同她一样低能软弱，手足无措。人或者鬼，都敌不过岁月。啊，岁月是一些什么东西？①

在此，女鬼的灵异时间和香港的现实时间一隐一现，如花的回忆空间不断在现实空间的寻找中闪回。在真实时空与虚构时空的二元转化和相互切近的过程中，如花和袁永定一鬼一人，通过对香港流逝岁月的共同追忆，在不同的情感失落中找到了共同的默契。由此，小说完成了剧情发展双线交织、回环互换的模式构建。

这种时空穿越的叙事框架与表现手法，在李碧华其他小说中也得以延续。《秦俑》中蒙天放与冬儿的三世恋情，从秦始皇时代跨越到 20 世纪 30 年代，作者仅用一句“日子过去了，这是一个月夜”，就让主人公跨越时空的阻隔去直面将要发生的爱情传奇。《生死桥》中每一次时空的转换，都意味着人生命运的改变，故事从北平开始，最后又以十年后的北平结束，然而无论时空如何转换，兜兜转转、分分合合的三个年轻人，最终也没有逃出太监王公公对于三人命运的卜算。《青蛇》《霸王别姬》和《潘金莲之前世今生》等作品亦如此。通过这种夸张的时空构造，李碧华打造出一个印刻着自身特色的小说传奇世界。

李碧华曾言好看的小说不外乎“痴男怨女、悲欢离合”的故事主题，加之穿越生死与轮回的叙事框架，以及“奇异化”与“反常化”的表现手法，才成就了其小说动人的悲欢离合，使得她的作品更具传奇色彩。

第三节　怀旧情结与香港回忆

只要读过《胭脂扣》，读者就能轻易感受到其中浓厚的怀旧情结。那么，小说中的怀旧情结应该如何理解？为何作者选取妓女这一边缘人群进行创作？这些和作者在“九七回归”的历史背景下，基于自觉的本土创作意识，探寻香港历史，以及建

① 李碧华：《胭脂扣　生死桥》，广州：花城出版社，2001 年，第 22 页。

构香港人的身份认同息息相关。

关于怀旧情结，资深编辑蔡益怀说道，“怀旧、复古本是一个世界性的潮流，并没有什么特别的历史文化意蕴，但这股风潮一流入香港……形成了一股追寻历史的热潮”。①

香港作家梁秉钧称《胭脂扣》掀起了香港的怀旧潮和怀旧风气，是“塘西文类”的滥觞之作。一时间，以塘西为背景的小说、电影纷纷问世。小说中，李碧华用大量的旧物重现、旧人回归营造了全篇的怀旧氛围，让读者时刻感受到主人公们“此地是他乡”的命运。

小说一开篇就用一样拥有悠久岁月的旧物——电车，串联起小说中所有人物的命运。它既是旧时代女鬼如花与当代人袁永定的邂逅之地，也是在漫长岁月中唯一不变的、能够连接起两个时代的东西。

> “我们坐电车去。”
>
> “好吧。”如花说：“我最熟悉的也只是电车。”
>
> 上了车，一切恍如隔世。六天之前，我俩在电车上“邂逅”。
>
> 自一九〇五年七月五日起，电车就通车了，谁知在这物体上，有多少宗“邂逅”？
>
> “如花，电车快被淘汰了。”我悲哀地说：“它也有七十多八十岁了。”
>
> “——”如花怔怔地，“像人一样。”②

电车作为如花在当代社会中唯一熟悉的旧物，成为香港几十年来生活方式的象征和历史变迁的见证。在电车上，如花坦陈自己的来历和穿越的目的，并在和袁永定的谈话中，几乎完成了一次香港20世纪30年代都市历史的口述。

借助如花的叙述，我们得以窥见几十年前的太平戏院、塘西花客、毛巾老契、陶园锣鼓，只是五十年前石塘咀的无边春色，现已变成冷酷的钢筋水泥；昔日的“塘西

① 蔡益怀：《想象香港的方法：香港小说（1945—2000）论集》，北京：中国社会科学出版社，2005年，第302页。

② 李碧华：《胭脂扣 生死桥》，广州：花城出版社，2001年，第117页。

风情”既承载了如花的爱情执念和往昔生活，也是袁永定等香港人的历史根脉，却早已不复存在。小说还有一个重要的怀旧物件，即十二少送给如花的“爱情信物”——胭脂匣子，它伴随着如花从过去来到当下，象征着他们的爱情承载着香港的过往。但故事最后，见证了物是人非的它却被如花和袁永定遗弃了，这种对旧物的遗弃正是对香港过往的遗弃。原本李碧华希望借怀旧来重构香港五十年的历史，但旧人旧事无法挽回，怀旧更多体现出一种身份认同的危机。“胭脂匣子”和“塘西风情”，作为香港风物风情的代表，都已烟消云散，从这种无力的怀旧中，我们看到了港人身份认同的匮乏和焦虑感。

怀旧之余，《胭脂扣》还相当自觉地处理了“香港文化身份”的问题，并用一种含蓄而略带调侃的方式，将港人的身份焦虑展露无遗。开篇如花便自报家门说自己是“香港人”，而渴望“永远安定”的袁永定在得知如花是前世女鬼时，慌乱中说道：“如花，我什么也不晓得。我是一个升斗小市民，对一切历史陌生。当年会考，我的历史是 H。”[①]香港历史在袁永定的头脑中本是一片空白，但在如花动人爱情的感染下，他决定重拾空缺的香港历史。于是，如花的追忆加上袁永定对十二少的追查，一部反映“石塘咀春色”的娼妓史跃然纸上，带着我们一同走进民间，回溯 50 年前的香港景象。因此，《胭脂扣》也是一部寻找香港历史的小说。

《胭脂扣》中借寻找旧人的故事主线，让小说中三个“香港人”完成了对自我身份的寻找与确证，这也是香港人对自身历史进行挖掘和确认的象征。但是这种身份确认不是通过重新找回历史就能简单实现的，无论是小说还是现实中，当时港人在寻根和确证的过程中承受着一种断裂感和隔膜感。

旧人如花不存在现代香港人的身份焦虑，而现代香港人袁永定恰恰历史不好，后者这种对香港历史的一无所知，不仅代表了当时一大批香港人对自身历史无从认知的无力感，也映射出香港市民的集体无意识——急于确证自己的身份，却在寻根过程中发现自身历史的遗失。这何尝不是一种悲哀？这种悲哀从侧面表达了港人心理的不安和对边缘地位的感知与体悟。

尽管李碧华的小说直接以香港为背景的并不多，但她笔下人物形象的边缘性

① 李碧华：《胭脂扣　生死桥》，广州：花城出版社，2001 年，第 19 页。

色彩却很浓。李碧华曾坦言，她的小说人物都是边缘人，是被中心抛弃的“废子”。如花之“妓女兼女鬼”的双重身份，是她作为社会历史边缘人的最好证明。这种边缘性形象的刻画，隐喻了香港人寻找和建构自己文化身份的困惑和艰难历程。类似作品还有很多，如《潘金莲之前世今生》中的单玉莲，始终被“现代女性”和“明代女性”两种身份所困惑；《霸王别姬》中的程蝶衣，在“男儿郎”与“女娇娥”两种身份间游移；还有，《青蛇》中的小青，作为异类，不容于人类的世界；作为配角，则被女主角白蛇妒恨；作为女性情欲的象征，被男权道德背弃。这些人物与香港的处境不谋而合，其中所透露的“边缘感”和“夹缝感”充满了强烈的隐喻意味。

这种身份上的尴尬、无奈，甚至焦虑，反映在李碧华的文学创作上就是这样的感喟：过往归向哪里？未来去往何处？李碧华借由建构这些身份暧昧的边缘人的个人历史，让他们发出自己的声音，言说了港人身处边缘文化的无奈与彷徨。

第四节 现代意味的文化反思

除了怀旧情结，充满现代意味的文化反思也是《胭脂扣》的一大特征。通过如花这个可以穿越不同时空的女鬼，小说将两个年代的香港连接起来，观照和抨击香港病态的现代社会及现实人生，世俗中透着现代性的思考。

小说中，如花生活的旧时代和新时期的花花世界形成了鲜明对比。虽然出身风尘，但她举止端庄、恪守礼仪，这映照出了当今社会的世风日下。公交车上肆无忌惮的情侣，电影院中暴露的海报、豪放的电影和粗鄙的看客，将这个旧社会妓女出身的女鬼“吓得半死”。“连鬼都受不起的惊吓，人却若无其事”，在如花面前，当今社会的淫靡之风和不加节制的享乐主义，失去了自娱自乐的底气，落得一身俗气。

> 翡翠戏院今晚的午夜场放映《唐朝豪放女》……她大概做梦也想不到，香港的戏院会放映类似生春宫的影画。
>
> 但吾等习以为常，不觉有何不妥。这是因为道德观念、暴露标准，把三十

年代的妓女也远远抛离。如今连一个淑女也要比她开放。她甚至是稀有野生小动物，濒临绝种，必得好好保护。[①]

可见，如花的形象既倾注了作者对传统道德以及文化价值的期许，又蕴含了作者对现代社会发展过程中道德、礼仪缺失的审视和反思。小说中许多看似无心的情节都成了香港当代社会弊病的缩影：名利双收的明星们郁郁寡欢，不知道为何而活，厌世自杀；选美明星们明争暗斗，为了入围不择手段。即便是记者，也要学会争夺资源，以便站上高位后尸位素餐。甚至为人师表者，也会为了升职，不顾师道尊严，在背后整治竞争对手……这些社会阴暗面在如花面前变成了一个讽刺：在旧道德的高尚优雅面前，飞速发展的新社会在人类的精神及道德层面上，到底是进步了还是衰落了？

李碧华还将批判意识深入人性的内部。如花与十二少的爱情感人至深，一个为对方虚耗芳华，一个为对方抛家舍业。然而，十二少却失信于黄泉路上相见的诺言，他苟活于世就是人性懦弱的表现。同时，如花背地里在酒中放了大量安眠药，执意要走“生未同衾死同穴”的殉情不归路，完全不顾十二少的真实想法，亦反映出如花人性的自私与偏执。尽管如此，比起如花的痴情，现代都市快节奏下的爱情仍然相形见绌，因为如花式超越生死的爱情观，按照现代都市的功利来考量，无疑是冒失的和不理智的。

小说中，在得知如花和十二少的殉情故事之后，袁永定和阿楚有这样一段对话：

“不过是殉情，你嚷嚷什么？”

“永定，何谓‘不过’是殉情？叫你殉情你敢不敢？”

“那就要视乎环境而定了。”

“你敢不敢？”她逼问。

“也要视乎原因。”

① 李碧华：《胭脂扣　生死桥》，广州：花城出版社，2001年，第118—120页。

“即是不敢啦。”阿楚抓到我的痛脚。

——但殉情，你不要说，这是一宗很艰辛而无稽的勾当。只合该在小说中出现。现代人有什么不可以解决呢？

“不敢就不敢。”我老实地答。[①]

这段话体现了现代社会对于稳定、永恒和纯净爱情的追求正在一步步瓦解，人们越发趋于功利化。

爱情只是李碧华进行人性反思的一个维度，其对人性的挖掘远不止于此。现代社会的高压和快节奏的生活使人们逐渐失去理想，生活的核心价值偏向自私与功利，人性中的道德感和高尚感也在消失。可以说，对社会的批判和对人性的反思，是李碧华小说最重要的主题，除了《胭脂扣》，其许多作品都有体现。《川岛芳子》中的川岛芳子一生权欲熏心，为个人野心不惜牺牲民族利益；《霸王别姬》中的段小楼在“文革”中为了保全自己，最终背叛了爱人和亲人；《诱僧》中的李氏兄弟为争夺皇位，上演了一场骨肉相残的人间惨剧。

身为女性的李碧华，也一直都在探讨女性的生存困境与命运，她通过对情欲的书写和两性的反思，表达出鲜明的女性主义立场，被誉为“新女性主义视角”代言人。阅读李碧华小说就会发现一个有趣现象，即男女形象常呈现为优女/劣男的对比。这些“血性女”大都具有叛逆心理和抗争意识，如《胭脂扣》中的如花、《诱僧》中的红萼公主、《秦俑》中的冬儿、《霸王别姬》中的菊仙等。反之，“贫血男”却大都自私怯懦和缺乏担当，如《潘金莲之前世今生》中的武龙、《霸王别姬》中的段小楼，尤其是《青蛇》中的许仙。《胭脂扣》呈现了旧时代封建等级观念和新时代消费主义浪潮下两组对比鲜明的两性关系：如花对爱情的执着追求和至死不渝，对比十二少的犹豫不决和贪生恋世；阿楚的能言善辩和积极上进，对比袁永定的安逸世故和缺乏冲劲；同样面对殉情，阿楚的感动和渴望，对比袁永定的反思和不屑。这种“血性女”与“贫血男”的鲜明对比，形成绝妙反讽，包含了李碧华对两性关系的长期考察和对女性问题的深刻反思——为何在两性关系中女性总是成为牺牲品，哪怕是优

① 李碧华：《胭脂扣　生死桥》，广州：花城出版社，2001 年，第 39 页。

秀女性也难逃宿命？

作者通过对如花的形象塑造和情节设置，表达了对男性霸权的控诉。小说把爱情的发生地设置在妓院，又将爱情双方的身份设定为妓女与纨绔子弟，基本就形成了一个基础孱弱的爱情悲剧格局，因为他们之间有着众多难以逾越的鸿沟。

书中毫不掩饰如花的悲剧命运和艰难处境：

> 十二少虽与如花痴迷恋慕，但他本人，却非“自由身”，因为陈翁在南北行经营中药海味，与同业程翁是患难之交，生活安泰之后，二者指腹为婚。十二少振邦早已有了未婚妻，芳名淑贤。
>
> “我并没有作正室夫人的美梦，我只求埋街食井水，屈居为妾，有什么相干？名分而已。不过——”
>
> 如花的惆怅，便是封建时代的家长，自视清白人家，祖宗三代，有纳妾之风，无容青楼妓女入宫之例，所以坚决反对，而且严禁二人相会。[①]

如花幸福道路上的两大阻碍——妓女身份和家长制阻挠，实际上都是男权施加于女性的束缚甚至迫害。即使不论妻妾名分，如花选择离开妓院也将面临更大的人生风险，离开妓院和未来生活都需要依靠男人，不然一切逃离都是悲剧的延续。这种期许无异于来自男权的第三重枷锁，即女人的命运终究还是掌握在男人手中。因此，如花最终回到了自己的“寨子”，继续做着以往的营生。由此，李碧华从对男权的控诉自觉转入了对女性命运的深刻反思。

如花清晰地意识到自身命运的悲剧性：“我们那时没什么选择，反而认命。女人，命好的，一生跟一个男人；命不好，便跟很多个男人。”[②]李碧华把对女性命运的观照置于时代发展的背景之下，她深刻意识到，无论时代如何发展，女性始终没能完全脱离男权阴影，根本原因是她们不具备成熟的女性独立意识：即使经济独立，在心理上、感情上对男性仍然存在着深层的依附心理。小说借阿楚之口来表达成

① 李碧华：《胭脂扣　生死桥》，广州：花城出版社，2001 年，第 33—34 页。
② 李碧华：《胭脂扣　生死桥》，广州：花城出版社，2001 年，第 19 页。

熟女性对独立的渴望和对爱情的正确态度，实际上也是李碧华对现代女性成长困境的反思。

《胭脂扣》是一部人鬼小说，李碧华以异物观人类，却看到鬼妖似人，人却似鬼妖，这种极具讽刺效果的布局，让作品的反思意味更为浓烈与深沉。

第五节 雅俗共融 图文并生

李碧华的作品很难界定雅俗。一方面以爱情、轮回、宿命、诱惑、欲望、背叛、暴力等为书写主题；另一方面呈现出对政治、历史、性别、人性等问题的深入思考。俗中透着一些现代性主题，雅里又带着通俗文学的创作模式。小说紧扣各种社会话题，在精英文化方面展现出强烈的现实批判性，在大众文化方面又有吸睛的世俗娱乐性，既有“俗”的本性，又有“雅”的内质，二者似乎毫不冲突，呈现出雅俗混杂的多元美。著名文学评论家刘登翰在《香港文学史》中指出：“严格地说，李碧华的小说并不是一般的纯言情小说……她的写作有着引人深思的‘边缘性’，既不在纯文学的中心苦思，又不在消费文化阵营盘桓过久，尝试走一条‘中庸之道’——其作品既不严肃到无人问津，又不俗到‘走火入魔’，而是熔二者于一炉。不走极端，好处是兼容并蓄，采众家之长，雅俗共赏，但往往不容易把握，难以界定。”①这些都指出了李碧华小说最突出的一个特点——雅俗共融。

二十世纪八九十年代，香港社会步入后工业时代，文化形态上也呈现出明显的大众消费文化特征。高雅文化与通俗文化、纯文学与通俗文学的距离正在消失。这种文化语境必然使香港作家的创作心态呈现出复杂的悖论——在批判现实的同时又不自觉地流露出认同世俗的倾向。要想自己的作品拥有更多的读者又不流于低俗，就必须思考怎样创作才能在雅俗之间寻找到大众接受的平衡点。

显然，李碧华是成功的。她把握了商业社会的创作规则，让自己的作品畅销热卖，又没有丢弃严肃文学的创作品格。能做到这一点，最重要的就在于其作品用大

① 刘登翰：《香港文学史》，北京：人民文学出版社，1999 年，第 496 页。

众文化来阐释严肃文学探讨的各种问题,从而突破日常生活与审美活动的界限,在雅俗之间找到巧妙的平衡。

李碧华在创作中主要用一种相对有趣的直面现实的方式,来书写当下的历史境遇,并赋予作品一种相对抽象而普遍的意义。其诸多作品既有大量满足大众娱乐消费诉求的元素,又在洞察人生、反思当下、审视历史,彰显了现代寓意,具有深刻丰富的思想内涵,而且创作手法较之一般通俗文学更具创造性和多样性。“边缘与中心”“个人与体制”“理想与现实”“男权与女权”“生与死”等诸多严肃文学所关注的议题,都在其中找到了大众文化的诠释方式。这些使得李碧华在雅俗之间游刃有余,创作出一批既有学术研究价值又广受社会大众欢迎的优秀作品,并改编出诸多雅俗共赏、脍炙人口、艺术性较高又卖座的电影佳片,如《胭脂扣》《潘金莲之前世今生》《霸王别姬》《古今大战秦俑情》《川岛芳子》《青蛇》。

李碧华的作品赢得了很多导演的青睐,究其原因,一方面,李碧华的小说关心政治历史和社会现实,具有思想深度和广度;另一方面,还在于其小说本身就具备电影改编的品质。以剧作家的身份跨入小说创作,她有一种独特优势。“别人即使要‘触电’,一般也是先有作品再改成剧本,她却是‘影而优则写’,先从电影界崛起,然后把电影剧本再还原成小说,《胭脂扣》《霸王别姬》《秦俑》等等均如是。”①

多年的编剧经验使李碧华的小说蕴含着丰富的电影元素,使其具有走向银幕的潜质。这主要体现为:语言的视觉化,即文字简短直接,鲜明具象,具有强烈的画面感,例如,《诱僧》描写性烈如火的红萼爱着红衣,易于用影视画面表达;结构的镜头化,她善用蒙太奇手法来构建情节线索,例如,《秦俑》利用雪景将故事前后联系起来,过渡流畅自然;情节的戏剧化,即其小说情节的冲突集中、引人入胜,例如,《潘金莲之前世今生》中潘金莲与四个男人前世今生的孽缘奇遇。这些潜质轻而易举就解决了小说语言与电影画面之间的转换问题。例如,《胭脂扣》开头的文字,就呈现出强烈的镜像语言特色。

“先生——”

---

① 钟晓毅:《九十年代的香港女作家》,《世界华文文学论坛》,1994 年第 2 期。

我的目光自报纸上三十名所谓“佳丽”的色相往上移，见到一名廿一二岁之女子。

她全部秀发以啫喱膏蜡向后方，直直的，万分贴服。额前洒下零仃几根刘海，像直刺到眼睛去。真时髦。还穿一件浅粉红色宽身旗袍，小鸡翼袖，领口袖口襟上捆了紫跟桃红双捆条。因见不到她的脚，不知穿什么鞋。

一时间，以为是香港小姐候选人跑到这里来绕场一周。——但不是的，像她这般，才不肯去报名呢。俗是有点俗，惟天生丽质。[①]

首先，人物对白简短精练，仅“先生”二字就完成了一人一鬼袁永定和如花的认识过程，并展现了如花含蓄温婉的性格，符合电影对白的性格化特征；其次，文字具有强烈的画面感，如花的服饰色彩浓烈，立马凸显出她非普通现代人；最后，这段文字中，袁永定的目光就像电影镜头，跟随着声音，从报上的佳丽移至如花身上，然后是特写加全景，将如花的亮相从上至下做了展示，将读者带入诡异却充满诱惑的场景。

李碧华在雅俗之间找到了契合点，正如她所追求的，写小说应是一种“先娱己，再娱人的享受”。其作品在言情小说天马行空的想象中，既融入纯文学的理念与精神，又契合大众文化审美心理。李碧华小说的畅销，有力地证明了“严肃文学”和“通俗文学”二元对立的非科学性。文学是有雅俗、上下、高低、优劣之分，但是“严肃”与“通俗”却绝非评判文学作品档次的标准。同时，“李碧华现象”还让我们看到图文完全可以并生，文学与以电影为代表的图像世界之间并没有天然鸿沟。在当下这个“读图时代”，各种媒介相互取长补短，相得益彰，而文学在借鉴其他媒体元素方面亦有巨大的拓展空间。

不可否认，李碧华游走在雅俗之间的文学创作也并不是完美无瑕的。作为文化消费市场中的一名生产者，她需要在短时间内大量地生产商品，模式化复制便是最佳的捷径。她的小说情节离奇诡谲，一波三折，吸引大众的阅读兴趣，读来确实引人入胜。但是在过分倚重故事性的同时，对小说艺术性方面重视不够，部分人物

① 李碧华：《胭脂扣　生死桥》，广州：花城出版社，2001 年，第 3 页。

刻画和心理描写相对偏弱，思想性上也略有不足。以李碧华的才情和她对世态人心的洞悉能力而言，如果她有从容的写作环境和充裕的时间精力，应该可以写得更好。就此而言，20 世纪 80 年代的香港社会氛围给她提供了脱颖而出的平台，也在一定程度上对她的创作形成了束缚。

文坛向来才人多，要想占据一席之位，“天时、地利、人和”缺一不可。李碧华凭借自己敏锐的感受力和出色的文字才华，把握住了机会，牢牢地掌握了主动权。以至于后来的我们再谈到香港文学，李碧华自然成为不可跨过的一位。通过对她和她作品的分析，我们可以窥见文学与时代、政治、民风之间或隐性或显性的精神关联，感受到她的文字背后的时代的发展情况。在这个意义上，也可以说，李碧华是不可复制的独特存在，对她的研究，意义也就在此吧。

参考文献

[1] 陈国球. 文学香港与李碧华[M]. 台北：麦田出版社，2000.

[2] 朱崇科. 混杂雅俗的香港虚构——浅解《青蛇》[J]. 世界华文文学论坛，2005(1).

[3] 刘伦. 李碧华小说电影改编策略论析[J]. 学术交流，2013(6).

思考题

1. 李碧华小说的雅俗共融特色主要体现在哪些方面？形成这一特色的原因又有哪些？
2. 结合文本来谈谈《胭脂扣》这部小说的艺术特色。
3. 李碧华文学创作的通俗化倾向表现在哪几个方面？请举例分析。

（艾　尤）

第三讲 巴金、杨绛的散文

巴金是当代文坛首屈一指的散文家，他在“五四”时期以小说名世，但是晚年却以 48 万字的《随想录》，成为当代散文界的“领头羊”。他的散文创作给当代中国文坛带来哪些震撼？他又为何被当代文坛誉为当代“文化良知”的杰出代表？围绕这两个问题，我们从两方面阐述。一是真诚与良知；二是巴金对当代文坛的影响。

杨绛是当代文坛受人瞩目的女作家，是学者兼作家的典型代表。在当代，她的创作除了散文，还有小说和剧本，同时她还是一位严谨的翻译家，可以称得上是名副其实的“多面手”，与她的丈夫钱锺书一样，才华横溢，学术与创作并驾齐驱。1986 年，她因翻译《堂吉诃德》获西班牙“智慧国王阿方索十世十字勋章”。

第一节 巴金：真诚与良知

巴金（1904—2005），原名李尧棠，字芾甘，四川成都人，1927 年初赴法国留学，1928 年底回到上海，从事创作和翻译；曾主编《文学丛刊》等丛书，以及《呐喊》《救亡日报》等报刊；新中国成立后曾主编《收获》杂志；出版《爝火集》《巴金近作》《巴金六十年文选》《创作回忆录》《随想录》等；出版《巴金全集》26 卷，《巴金译文集》10 卷。

巴 金

中国现代文学馆就是 1985 年在巴金的倡议下建成的；巴金在文坛的影响远远超越了国界，他的著作被译为多种外文；1982 年至 1985 年，巴金相继获得意大利但丁国际荣誉奖、法国荣誉勋章和香港中文大学荣誉文学博士、美国文学艺术研究院名誉院士称号。2003 年 11 月，中华人民共和国国务院授予巴金先生“人民作家”荣誉称号。

巴金早年以小说创作令世人刮目相看,但他最初却是以散文和诗歌创作步入文学殿堂的。从1927年起到新中国成立前夕,他以抒情的色彩和质朴的笔调形成了个人独特的风格,散文作品集有《海行杂记》《旅途随笔》《忆》《怀念集》《无题》《梦与醉》《龙·虎·狗》《废园外》等,这是他早期散文创作的一个高峰。晚年的《随想录》则将其散文创作推进到了一种浑然天成的境界。这部由"随时随地的感想"组成的皇皇巨著,不仅给读者留下了像《怀念萧珊》《小狗包弟》《纪念雪峰》《怀念老舍同志》等震撼人心的抒情佳作,而且还(在《长官意志》《紧箍咒》《说真话》《写真话》等随笔里)给读者留下了众多思考的空间。

《怀念萧珊》一文,饱含着作者强烈的情愫,向读者哭诉了妻子萧珊在他被"打倒"的日子里所遭受的种种磨难:挨打,被批斗,写检讨,被迫去扫马路,为巴金的问题迟迟没有得到解决而痛苦万分和忧心忡忡……作者压抑着满腔的悲愤抒写了因为受到他的"连累",妻子有病而没有得到及时救治的无限痛惜之情。

巴金深情叙述了在那些黑白颠倒的日子里,萧珊不仅分担了他的痛苦,而且还在精神上给了他不少安慰和鼓励。每当巴金落入困境的时候,萧珊就会在他耳边给他坚定而忠贞的支持:"不要难过,我不会离开你,我在你的身边。"夫妻二人在危难时刻相濡以沫、荣辱与共的那种至真至纯之情,表现得淋漓尽致。更令人感动的是,萧珊的骨灰被巴金接回了家,就放在他的寝室里,巴金说:"我感到她仍然和我在一起。"而阅读萧珊翻译的"译文并不恰当"但是却有"创造性的文学作品",对巴金来说则"是一种享受"。文章的结尾,巴金以"遗嘱"的形式这样宣示:"等到我永远闭上眼睛,就让我的骨灰同她的掺和在一起。"[①]这几乎就是一种"在天愿作比翼鸟,在地愿为连理枝"的现代版表述。巴金在文章里还表现了对妻子深深的愧疚之情。全文在控诉"四人帮"罪恶的同时也抒写了人性的光芒。

五卷本的《随想录》,包括《随想录》《病中集》《真话集》《探索集》《无题集》。它们共同构成了作者"文革"时期及以前的流年碎影,有对人性丧失的无情揭露,更有作者对自身的审视。

---

① 巴金:《随想录》,北京:人民文学出版社,2000年,第27—28页。

巴金在《随想录》(第 2 集)的后记中说:“是大多数人的痛苦和我自己的痛苦使我拿起笔不停地写下去……我写作是为了战斗,为了揭露,为了控诉……”

巴金还说:“只有在经历了接连不断的大大小小政治运动之后,只有在被剥夺了人权,在‘牛棚’里住了十年之后,我才想起自己是一个‘人’,我才明白我也应当像人一样用自己的脑子思考。”[①]

这与其说是“写作的初衷”,不如说是一种控诉,对人被剥夺了“人”的权利的一种控诉!巴金认为这种惨烈的事实,太值得全中国人去深思了!他对造成“文革”的原因进行了艰辛探索。他在文坛尚停留在“伤痕文学”创作层面的时候,就开始了对“文革”的深刻反思,讲出了郁积在他心中多年并为此付出了血的代价的思考。他要用真话建立起“揭露‘文革’的博物馆”!他就是要谈这段历史,让全中国人甚至是全世界善良的人们不要忘记曾经发生在中国大地上的这段历史。

巴金对于“真话”的认识,非常理智。他所说的真话,就是“真相”,就是发生在“文革”当中的“真相”,包括他自己的软弱和逃避。他清醒地指出,真话并不一定是真理,但真理是在真话的基础上产生的。他理解众人都不敢“说真话”的原因,他心甘情愿地做这只“领头羊”,因为他清楚这是时代的需要!他说:“写完五卷书我不过开了一个头。我沉默,会有更多的作品出现。”他坚信:“没有人愿意忘记 20 年前开始的大灾难,也没有人甘心再进‘牛棚’、接受更‘深刻的教育’。”

可喜的是,事实正像巴金所预言的那样,继《随想录》之后,就有了杨绛的《干校六记》《丙午丁未年纪事》,陈白尘的《云梦断忆》以及稍后季羡林的《牛棚杂忆》等一系列反思题材的散文作品。巴金为老作家散文创作群体的浮出水面,充当了潜在的、无可替代的“引路人”。《随想录》成为“反思文学”中的最强音。巴金说:“五集《随想录》主要是我一生的总结,一生的收支总账。”学术界认为这是一部“力透纸背,情透纸背,热透纸背”的“讲真话的大书”,是一部代表当代文学最高成就的散文作品,时代所赋予它的价值和影响,远远超出了作品本身。

---

① 巴金:《随想录》,北京:人民文学出版社,2000 年。

第二节　巴金对当代文坛的影响

2003年,巴金获得由中央电视台评选的“感动中国十大人物”荣誉,颁奖词精练地概括了巴金的艺术人生:“穿越一个世纪,见证沧桑百年,刻画历史巨变,一个生命竟如此厚重。他在字里行间燃烧的激情,点亮多少人灵魂的灯塔;他在人生中真诚地行走,叩响多少人心灵的大门。他贯串于文字和生命中的热情、忧患、良知,将在文学史册中永远闪耀着璀璨的光辉。”其中最后两句,就凸显了巴金的“真诚”与“良知”。这是巴金留给后人的宝贵精神财富,也是巴金对后人产生重要影响之所在。巴金的“真诚”与“良知”,突出体现在他“讲真话”的勇敢与高贵上。

巴金所谓“讲真话”并不仅仅意味着反对假话,更重要的是要活得像人一样用自己的头脑去思考。之所以人们像崇拜英雄一样地以各种方式向巴金致意,是因为他以无畏的勇气,做出了人人想做、人人都觉得应该做,但人人又都暂时没有勇气做的事情。

“说真话”从来都不是一件容易的事情,在特定的时期、特定的环境,尤其如此。而巴金恰恰就是在“左”倾思潮还没有彻底退出历史舞台的时候,率先拿起笔来“呐喊”,以“舍生取义”的勇气讲出真话,他是在用灵魂与真知发出声音,对世间的震撼,也仍然犹如石破天惊!究其实质,与其说是他吹响了“讲真话”的号角,不如说是他“五四”启蒙思想在其晚年的总爆发!

众多学者都对巴金这一美好品质有所体悟。南京大学董健教授认为,巴金身上集中了两类可贵的价值,一是“五四”启蒙精神,一是对自己的反思与解剖。复旦大学陈思和教授认为,巴金可以说是“五四”新文学时代的最后一位大师,最后一位文学巨匠,他的逝世标志着一个时代的结束。如今我们再捧起这本《随想录》,我们惊奇地发现,它在某种意义上应该是“后文革”时代的“启蒙”之作!所谓“对自己的反思与解剖”,所谓“‘后文革’时代的‘启蒙’之作”,其实都是对巴金“讲真话”的另一种诠释。

事实也正像学者们的分析那样,巴金不光能够站在全人类的高度去反思“文革”,更重要的是,他能够在全世界人民面前进行自我忏悔。他不仅想到了“文革”当中自己也有错误,而且他还首先拿自己“开刀”,将自己推上灵魂的审判台,拷问和反观自己性格中乃至灵魂中的弱点,比如过于听话、过于天真、过于软弱以至于到了苟活的地步。他认为自己在“文革”中也说了假话,也做了“跟在别人后面丢石块”的错事。

在《随想录》“怀人”题材的文章中,作者通常是在“怀人”的同时,还有忏悔。比如《“遵命文学”》,作者叙述了自己的小说受到过不公正的待遇,同时也回忆并忏悔了自己一生当中写过的唯一一篇“遵命文章”——批判柯灵的《不夜城》。作者在文中自我解剖的深刻程度,令读者产生敬仰之情。他说:“我们解剖自己,只是为了弄清‘浩劫’的来龙去脉,便于改正错误,不再上当受骗。分是非,辨真假,都必须先从自己做起,不能把责任完全推给别人,免得将来重犯错误。”①巴金忧虑的是,如果整个社会没有人认真地去反省这场浩劫产生的原因,那么今后就很有可能重蹈覆辙。他是带着一种崇高的使命感去撕开自己淌着脓血的伤口的。他非常清醒地看到,不只是他自己,“许多人的伤口都淌着这样的脓血”。他无情地拷问、谴责自己,揭开自己身上最痛苦的伤疤,展示自己全部的思想。鲁迅曾经说过“多有只知责人不知反省的人的种族,祸哉祸哉”。② 巴金是继鲁迅之后真正懂得“反省”的当代作家之一。中华民族虽然有“吾日三省吾身”的圣贤教诲,却没有西方基督教文化中的“忏悔”传统,巴金是继鲁迅之后能与卢梭、托尔斯泰这些西方大师媲美的敢于自我解剖的当代作家,这一点应该成为后来者加以追随的标杆,因此我们可以说,在中国当代文坛,巴金开创了一个新传统。

综观巴金的一生,作为一位杰出的文学大师,巴金的思想和艺术魅力对于 20 世纪的中国读者曾经有过两次深刻而广泛的影响。第一次是在二十世纪三四十年代,他是拥有最多青年读者群的作家。他的以“激流三部曲”(《家》《春》《秋》)和“爱情三部曲”(《雾》《雨》《电》)为代表的一系列中、长篇小说风靡一时,与茅盾、老舍的小说一起,构成了现代文学第二个十年里中、长篇小说的艺术高峰。第二次就是在

① 巴金:《随想录》,北京:人民文学出版社,2000 年。
② 鲁迅:《随感录·六十一·不满》,见《鲁迅全集(第 1 卷)》,北京:人民文学出版社,1981 年,第 359 页。

二十世纪八十年代,他的《随想录》,涉及二十世纪中国社会历史的评价、人生价值、道德观念、文化秩序、个人思想情感等,成为一代知识分子的觉醒和痛苦反思的结晶,是巴金留给我们的丰富的宝贵精神财富。他伟大的人格魅力和风范仍然影响着一代又一代人。

就巴金对文坛所带来的两次重大影响而言,后者以"讲真话"和"忏悔"在当代文坛成为一面旗帜,与二十世纪三四十年代勇敢地"反封建、反专制"的诉求相比,影响更为深远。可以这样说,耄耋之年的巴金是以一个"五四"老战士的姿态,再一次冲到了时代思想的前沿,成为中国当代文坛的"导航者"和"领头羊"。

与其他作家的随笔不同,《随想录》中,他并非冷静如"旁观者",《随想录》像他的小说创作一样,始终燃烧着作者青春般的激情。他惯常运用的依然是"倾诉"的口吻,正像他自己所追求的那样"把心交给读者"。他的文章,读来亲切异常,就像是与读者促膝谈心。他说:"我惟一的心愿是:化作泥土,留在人们温暖的脚印里。"的确,他是现当代作家中人格与文格齐名的作家。正像一位学者的评价,"巴金"这一字符的存在价值远远超过了"文坛巨匠"这一客观称谓,它更像是一种精神的象征,一种思想的凝聚。

当代作家冯骥才也曾经细致地分析过巴金:"由《家》到《随想录》,他一直是社会良心的象征。……当'文革'暴力刚刚灰飞烟灭时,他不是跳出苦难开怀大笑,而是紧皱眉头,拿起世界上最沉重的器具——笔,写出心底思之最切的两个字:忏悔。他不饶恕'文革',也不饶恕自己。因为他希望心灵的工作首先是修复,包括道德和人格的修复。他知道只有人的健全,社会的发展才可能健全。……作家的良心是文学的魂。魂是一种精神生命。我们从巴金的作品一直可以摸到这生命的脉搏。它始终如一、强劲有力地跳动着。"①

柯灵用两个字概括巴金的一生:一个是"真"字,"思风发于胸臆,言泉流于唇齿",笃实坦荡,表里如一;一个是"爱"字,爱祖国、爱人民、爱自由、爱正义、爱一切美好和崇高的事业。巴金的朴素在此,他的力量就在于真实、简单、始终如一地表达着良心。

---

① 冯骥才:《文坛的节日》,《人民日报》,2003年11月25日。

第三节　杨绛的“隐身哲学”

杨　绛

杨绛的“隐身哲学”（视频）

杨绛（1911—2016），生于北京，原籍江苏无锡，原名杨季康，作家、评论家、翻译家、学者，1932年毕业于苏州东吴大学，而后成为清华大学研究院外国语研究生，1935年至1938年与丈夫钱锺书一同在英、法等国留学，回国后历任上海震旦女子文理学院外语系教授、清华大学西语系教授；1949年后，在中国社会科学院文学研究所、外国文学研究所工作。她所创作的剧本有《称心如意》《弄真成假》等；小说有《倒影集》《洗澡》；论文集有《春泥集》《关于小说》；译作有《1939年以来的英国散文选》《小癞子》《吉尔·布拉斯》《堂吉诃德》；散文集有《干校六记》《将饮茶》《丙午丁未年纪事》《回忆两篇》《记钱锺书与〈围城〉》《我们仨》《杨绛散文》等。另有《杨绛文集》8卷。

杨绛与钱锺书一样，一生都淡泊名利，对于世俗的东西，他们比一般学者都更加超脱。她全部的人生哲学都集中在《隐身衣》这篇散文里了。她不仅要把自己隐匿在普通百姓之中，而且还甘于“卑微”。她说：“这种隐身衣的料子是卑微。身处卑微，人家就视而不见，见而无睹。”[①]杨绛这种为了躲避世俗的名利困扰而甘愿身处卑微的人生追求，在当代文坛是比较少见的，也是一般人所不容易达到的一种境界。她喜欢“万人如海一身藏”，她更羡慕老庄的“陆沉”，她要使自己消失于众人之中，如大海之中的一滴水，如草丛中隐藏的小野花。这样一种表面消极的“出世”态度，容易被误解为她有出世思想；事实上，她“隐身”，并不是为了“无为”，而是为了更好地“有为”。她唯一的人生目标是“保其天真，成其自然，潜心一志完成自己能

① 杨绛：《隐身衣》，见《杨绛散文》，杭州：浙江文艺出版社，1994年，第231页。

做的事”。她穿“隐身衣”，只不过是为躲避现实中的“无聊”，而去追求精神世界里的大自由。对于名利的抛弃，能如此彻底，对于精神世界的追求能如此执着，在当代文坛确属难能可贵了。

夏衍在杨绛八十寿辰的题词里这样说：“无官无位活得自在；有才有识独铸伟词。”这是对杨绛人格的真实写照。正是因为她舍弃了很多世俗的东西，才使她赢得了宝贵的时间，获得了创作及学术上的令人瞩目的成绩。她这种思想不只是中国传统儒道内核的反射，同时还有西方追求自由思想的元素。她要抛弃名利，但是并非“无为”；她要入世，但是要做自己想做的事情。她这种至纯、至高的精神追求，使她的作品除了本身的艺术魅力，更包含了崇高的人格魅力。

尼采说过：“没有人格面具，认识就不会是深刻的。”这种观点，其实是一种认识哲学。自我和主体隐蔽在人格面具背后，如此，既是把自我作为认识的主体，而同时又不忘自我还是认识的客体，唯其将自我当成认识的客体以后，世界作为客体才能更清晰地呈现在认识的面前。杨绛的隐身哲学，正是这样一种认识的形象显示。和擅长反讽的金克木不同，金克木常常对世界和认识对象，扮形形色色的“鬼脸”，进行大智若愚、大巧若拙的揶揄和调侃；杨绛则把世界和人性中的悲剧因素和喜剧因素，善良、光明和邪恶、阴谋看了个透，她时而是激流中被裹挟而去、万般无奈的“沧海一粟”，她又时时不忘另一个自我在时代和历史河床的堤岸上若无其事地悠闲漫步，这个漫步者、遐想者对那个在浊浪排空、波涛汹涌中载沉载浮的小人物投去深情的一瞥。杨绛和金克木一样，并不仅仅是文化斗士，他们主要是思想者，是与哲学家身份比肩的思想者。《回忆我的姑母》一文，是“五四”以来，也许是记叙历史人物中写得最深刻，也最具现代历史哲学气息的篇章，因为杨绛是将杨荫榆放置在由正和反、顺和逆造成的历史错位的旋涡中来刻画的。

第四节　平淡与机智、柔美与刚毅的有机结合

杨绛的散文和她的为人一样凸显了她“不事张扬”的特点。她没有一点“飞扬

躁厉”，却有“缄默的智慧”（李健吾语）。她的散文是平淡与机智、柔美与刚毅的有机结合。她能谦虚平易地描述国学大师钱锺书的创作思想；同时也能生动传神地描写用人等普通百姓的性格与生存状态。她的散文，冷静、客观，不事雕琢，语言极其简练；但她的散文，总有一种让读者荡气回肠的因子，那就是平易之中所蕴含的智慧。

她的文字略带一点儿冷漠，时常会闪现出意想不到的讽刺与幽默。她文中的警言，常常自然流露于不温不火的叙述之中。有时在她那极其客观、冷静的描摹中，读者会感受到她无声的愤怒与控诉。她属于那种“喜怒不形于色”的人。无论她的散文产生怎样的艺术效果，她永远是一副平静的面孔，不露声色，就像蒙娜丽莎的微笑，永远耐人寻味。杨绛的散文在抒情上往往是含而不露、含蓄蕴藉，很少直接抒情。因而她的散文，无论是什么题材，都是“笑不露齿，怒不出声”。为了形象地表现她对社会问题的思索，她还很会营造一种奇异的想象空间，去表情达意；只是她的想象一定带有浓重的文化韵味。她可以在想象的“空间”里自由驰骋。比如《软红尘里·楔子》《孟婆茶》，都是这样精心构筑的散文佳作。

杨绛关于“文革”题材的散文，主要集中在《丙午丁未年纪事》和《干校六记》两个“长篇”当中。文中，作者的诉说平淡，与有些作品的“声嘶力竭”“剑拔弩张”完全不同。她一方面用画龙点睛的语言，不紧不慢地活画出“文革”中人性丧失的丑陋；另一方面，又展示了她对于这场“浩劫”的深入思考。一切都尊重史实，写来相当从容。但是从容并不等于“温和”，她的笔尖常常带着讽刺、蔑视与愤怒。只不过，一切都是无声的。

在《丙午丁未年纪事》里，杨绛把指挥“红卫兵”的所谓“头儿”，戏称为“极左大娘”，后面还特别加上注解：“一个老革命职工的夫人。”别人含着眼泪乞求红卫兵不要给剃光头，她却“不愿长他人志气”，“由她剃光了半个头”，还解嘲说是小时候“羡慕”弟弟剃光头的结果。她用极其平静的语调，表明了她对于这场黑白颠倒、是非混淆的“劫难”的郑重思考：“我们这群‘牛鬼蛇神’是最驯良、最和顺的罪犯，不论谁的命令都一一奉行。因为一经‘揪出’，就不在人民群众之中，而在人民群众之外，如果抗不受命，就是公然与人民为敌，‘自绝于人民’。‘牛鬼蛇神’互相勖勉、互相安慰的‘官话’是‘相信党，相信人民’，虽然在那个时候，不知有谁能看清党在哪里，人民又是谁。”[1]这既是实情，又是鞭辟入里的批判。在那个畸形岁月里，杨绛所遭遇的一切，逼迫她去重新审视“人民”这个概念。

《干校六记》

《干校六记》中的《“小趋”记情》，杨绛把一只小狗写得有“情”有“义”，有声有色。这是作者在干校生活中唯一能给她（们）带来快乐的“动物”，可惜不是人。在写这种“快乐”的同时，她也不忘拿狗来“映衬”一下“人”：“是狗有人性呢？还是人有狗样儿？或者小娃娃不论是人是狗，都有相似处？”她这种出人意料的“联想”，一定会让人在发笑的同时，品出一种苦涩。

她能把苦难当成“快乐”来咀嚼；同时，她又能让人从这种“快乐”中，隐隐地感受到刻骨铭心的“苦”。就像《凿井记劳》里杨绛所描述的，为了庆贺挖井成功，绞尽脑汁，历经“万难”，终于“心想事成”，买回一瓶烧酒，但是却没有下酒菜，只好以“泥块糖”下酒。这在“干校之乐”的表面，让人更多体会到的是“乐”中之“苦”。杨绛还描述，在菜园里，她们自己用树枝做的厕所“门帘”居然被人偷走，所以她和阿香只好“互充门帘”。这几近“黑色幽默”的描述，更是无声的控诉。

杨绛在《干校六记》里坦言，她住在老乡家时，只有“帐子里狭小的一席地”，致使她常记起一个老人走向坟墓的一幅画，“自己仿佛也是如此”。这是杨绛在干校生活中的真实体验，带着极大的讽刺与蔑视。这就是杨绛面对不公、面对“过去了”的劫难彻底的否定态度；也正是杨绛鄙视丑恶的具体方式。杨绛对所谓“干校”的思考，更可谓透彻：“我们奉为老师的贫下中农，对干校学员却很见外。我们种的白薯，好几垄一夜间全偷光。我们种的菜，每到长足就被偷掉。……我们收割黄豆的时候，他们不等我们收完就来抢收，还骂‘你们吃商品粮的！’我们不是他们的‘我

① 杨绛：《丙午丁未年纪事》，见《杨绛散文》，杭州：浙江文艺出版社，1994年，第197页。

们'，却是'穿得破，吃得好，一人一块大手表'的'他们'。"①这对于被那个时代奉为"楷模"的人，是一种颇具讽刺意义的揭露。这不能不让人去思考"干校的价值"。而杨绛的批判常常是这样一针见血。

杨绛在散文中对于"文革"的思考，没有停留在一般控诉的层面。她一方面身处其中，谈自己的真实体验，另一方面又站出来，掷出"投枪"，直指这场浩劫的根源。尽管这些"投枪"经常是"软刀子"，但她的思维视角是独特的，常出人意料，让人回味良久。比如："平时总觉得污泥很脏，痰涕屎尿什么都有；可是把脚踩进污泥，和它亲近了，也就只觉得滑腻而不嫌其脏。好比亲人得了传染病，就连传染病也不复嫌恶，一并可亲。"②由不嫌弃污泥脏，而联想到不嫌恶亲人的传染病，这个联想可谓"独此一家"。话语中带着夸张，暗含讽刺。讽刺的意味在后面的语言里得到了充分的印证。"我暗暗取笑自己：这可算是改变了立场或立足点吧！"杨绛散文中的奇异联想，使她的散文增加了无穷的韵味。不论作者的语言有多么平易，其中的讽刺意味总是深刻而尖锐的。

杨绛是学者兼散文家，学术研究的经历在她的散文创作里留下了深厚的文化印记，比如她写"林奶奶"，形容她说话的无次序，居然联想到爱"从半中间儿说起"的古希腊悲剧。这种带有职业特点的联想，既让人忍俊不禁，又让人感叹作者知性思维的灵活，使她的散文不仅生动传神，而且显得颇有智慧。学者的身份与经历，使她的散文创作平添了许多雅致的情趣；同时，还展示了她对事物敏锐的洞察力，因而时时表现出与众不同的思维路向。作为学者型的散文家，杨绛的思想相对比较"解放"，是一种"自治"的人生哲学和"自在"的人格哲学。

综上所述，巴金为人的真诚、为文的真挚以及由他率先擎起"讲真话"的大旗，在中国当代文坛具有里程碑的意义。杨绛的"隐身哲学"及缄默的智慧，在散文作品中的具体呈现，是生动而独特的。无论巴金还是杨绛，他们的作品都是当代散文长廊中亮丽的风景。

---

① 杨绛：《干校六记》，见《杨绛散文》，杭州：浙江文艺出版社，1994 年，第 35 页。
② 杨绛：《干校六记》，见《杨绛散文》，杭州：浙江文艺出版社，1994 年，第 32 页。

参考文献

[1] 巴金. 随想录[M]. 北京：人民文学出版社，2000.

[2] 杨绛. 杨绛散文[M]. 杭州：浙江文艺出版社，1994.

[3] 金永辉，李书生. 巴金文化人格内涵的再审视[J]. 潍坊学院学报，2002(1).

[4] 王辛笛. 我所了解的巴金[J]. 新文学史料，2001(2).

[5] 楼肇明，止庵. 瀚海冰川仿沧桑——关于老生代散文的对话[J]. 南方文坛，1997(2).

[6] 贺仲明. 智者的写作——杨绛文化心态论[J]. 首都师范大学学报（社会科学版），2001(6).

[7] 舒展. 杨绛先生素描[J]. 随笔，1991(6).

思考题

1. 巴金的“讲真话”和“忏悔”意识的当代意义何在？
2. 以《随想录》为例，说说哪些篇目的作品充分体现了巴金“笃实坦荡，表里如一”的品格。
3. 杨绛的“隐身哲学”意味着什么？
4. 怎样理解杨绛散文是“平淡与机智、柔美与刚毅的有机结合”？

（陈亚丽）

第四讲 海子和昌耀的诗歌

本讲介绍中国当代两位杰出的诗人，一位是我们耳熟能详的天才诗人——海子；另一位是艰辛跋涉在西部高原上的"苦行僧"，他的名字叫昌耀。海子的诗，质朴、清澈、灵动，充满了想象力和抒情性，并且因为他年轻时代的死亡神话，而让他的作品显得更为珍贵和苍凉；昌耀的诗，体现了雄浑、博大和厚重的风格，多以西部的高原河流为题材，崇尚原始生命的野性、壮美和伟岸，也透着人类内在的悲剧性和孤独感。值得我们注意的是，两位诗人在写作上是存在共同点的：一是他们都在诗歌中倾注了大量的个人生命体验，从而对当代诗歌中以观念和思想先行的一类写作做了一定程度的纠正；二是他们都善于发现汉语诗歌的"元素性"，由衷地赞美这个世界的自然和谐与原初的创造力，从而卓越地开发出现代汉语在真、善、美等维度上的潜能，为中国诗歌赢得了新荣耀。

第一节 海子神话

海子神话（视频）

1989 年 3 月 26 日，日落时分，在山海关至龙家营的一段火车慢行道旁，一个瘦弱而绝望的青年，突然躺卧在冰冷的铁轨上。据知情人回忆，铁轨旁留下死者的一个书包，里面装有四本书：一本是《圣经》，一本是《瓦尔登湖》，一本是《康拉德小说选》，一本是《孤筏重洋》。

海 子

躺着的人叫海子，一个 25 岁的青年诗人，是那个时代最优秀的诗人之一。他身上有一张字条，上面写道："我的死与任何人无关！"很难想象，就在两个月前，他还写下了"面朝大海，春暖花开"这样无比幸福的诗句，而今，在离大海不远的地方，他永远告别了这个世界的春天：

从明天起，做一个幸福的人
喂马、劈柴，周游世界
从明天起，关心粮食和蔬菜
我有一所房子，面朝大海，春暖花开

从明天起，和每一个亲人通信
告诉他们我的幸福
那幸福的闪电告诉我的
我将告诉每一个人

给每一条河每一座山取一个温暖的名字
陌生人，我也为你祝福
愿你有一个灿烂的前程
愿你有情人终成眷属
愿你在尘世获得幸福
我只愿面朝大海，春暖花开①

在为世人献出最美的祝福之后，海子绝尘而去。其实，海子早就预言了自己的死亡和死亡方式，在《春天，十个海子》(写于他自杀前12天，被认为是海子写下的最后一首诗)中，他写道："你被劈开的疼痛在大地弥漫。"

所幸的是，过早离世的诗人海子为他的读者留下了一批受世人瞩目的诗。海子把遗稿全部托付给了与他惺惺相惜的诗人骆一禾，这些遗稿包括鸿篇巨制《太阳·七部书》、三百多首抒情短诗和一些其他作品。在骆一禾、西川等好友的整理和汇编下，我们得以看到《土地》《海子的诗》《海子诗全编》等作品集陆续出版问世，让读者能够领略到海子整体的精神肖像和创作风貌。

海子，本名查海生，生于安徽怀宁高河镇查湾村，1979年考入北京大学法律

① 海子：《面朝大海，春暖花开》，见《海子诗全编》，上海：上海三联书店，1997年，第436页。

系，大学期间开始写诗；毕业后任教于中国政法大学；1989 年 3 月 26 日自杀。在短暂的七年写作中，海子留下三百多首短诗和几部长诗。他的抒情短诗具有单纯、质朴、流畅和充沛想象力的特征；不少作品有抒情谣曲的风格。诗中幻象世界的营造，经常来自少年时期的乡村生活经验。村庄、月亮、麦子、少女等，在诗中成为有“原型”意味的形象。在生命后期，海子转向了“史诗”（“大诗”）写作，寻求感性与理性、个人体验与人类文化精神的融合，这批作品后来被整理成《太阳·七部书》。

俄罗斯诗人布罗茨基在评论曼德尔施塔姆的一篇文章中写道：“‘诗人之死’这几个字听起来总是比‘诗人之生’这几个字更为具体。”关于海子的生平，我们能够了解多少呢？于北京大学毕业后，海子被分配到位于北京昌平的中国政法大学教书，当时的生活是极其寂寞的。他曾写过一首诗，叫作《在昌平的孤独》，用一种象征的方式表达了一个现代人那种刻骨铭心的孤独体验：

孤独是一只鱼筐
是鱼筐中的泉水
放在泉水中

孤独是泉水中睡着的鹿王
梦见的猎鹿人
就是那用鱼筐提水的人

以及其他的孤独
是柏木之舟中的两个儿子
和所有女儿，围着诗经桑麻沅湘木叶
在爱情中失败
他们是鱼筐中的火苗
沉到水底

拉到岸上还是一只鱼筐

孤独不可言说[①]

海子的死一方面已成为20世纪80年代诗坛的一曲挽歌，另一方面又成为90年代的一个预言：他的死不可避免地上升为一个神话，海子也无疑被追认为诗歌烈士。他的名字被用在许多诗歌奖项和诗歌活动中，也常常出现在大学课堂、诗歌讲座、学术研讨会和文学沙龙等公共空间。海子的诗集被不断重印，他的诗选每年都成为畅销书。在日益喧闹的消费时代，在诗歌逐渐边缘化的年代，这个在生前无比孤独的诗人，不但没有被大浪淘沙般地推进历史暗角，反而成为多年来的热门话题，深受众多普通读者的喜爱，这不得不说是一个奇迹。但经过反思，我们发现，现代诗人，一再成为某种悲剧主角而非作者，也就是说，人们关心诗人的遭遇，胜过关心诗人的教诲。这也成为当下海子研究的一个困境所在。

第二节　海子的诗歌及其影响

回顾完海子的死亡神话之后，我们再来介绍一下海子的诗歌创作情况。海子的诗大致可以分成两类：一类是抒情短诗，用乡土文化的衰落隐喻人类精神世界的丧失，表达了一个土地之子对这片生存根基的感念和缅怀。海子使用了一种既清晰又晦暗的语言，隐约透露着诗人内心对质朴生活的赞颂和哀叹，对神性事物的敬畏和追寻，以及对荒凉世景的描画和叹息。另一类是“现代史诗”，这批作品后来也被合称为《太阳·七部书》。这部鸿篇巨制表达了诗人对人类价值的思考和追求，以及因它的缺席所产生的不安、恐惧和绝望。

在这里，我们可以以一个作品为例，看一看海子的诗究竟呈现出什么样的特征。这首诗叫作《亚洲铜》，也是海子公开出版的多种诗集和诗选中开篇的第一首诗：

---

① 海子：《在昌平的孤独》，见《海子诗全编》，上海：上海三联书店，1997年，第107页。

亚洲铜，亚洲铜
祖父死在这里，父亲死在这里，我也将死在这里
你是唯一的一块埋人的地方

亚洲铜，亚洲铜
爱怀疑和爱飞翔的是鸟，淹没一切的是海水
你的主人却是青草，住在自己细小的腰上，守住野花的手掌和秘密

亚洲铜，亚洲铜
看见了吗？那两只白鸽子，它是屈原遗落在沙滩上的白鞋子
让我们——我们和河流一起，穿上它吧

亚洲铜，亚洲铜
击鼓之后，我们把在黑暗中跳舞的心脏叫做月亮
这月亮主要由你构成①

这首诗入手采用了歌咏的方式，反复地吟唱中带出历久弥新的滋味，那是农耕文明时代的巫术中常用的手法，也是诗人安排节律的策略。《亚洲铜》代表海子创作丰收期的开始，呈现出海子日后建立的庞大复杂的象征体系。这首诗对象征和隐喻的运用非常精当，堪称典范。

“亚洲铜”显然是诗中最核心的文化概念，它到底指的是什么呢？为什么海子会选择“亚洲铜”作为自己抒情的载体呢？有人说是土地，是黄色的、亚洲的尤其是中国北方的土地，或者更准确地说，是大地，是与生命相连接的广袤大地。它实际上成了海子诗歌的核心意象。“铜”的意象可能有双重含义。首先，它的颜色和质地影射了中国北方坚硬强悍的黄土地。其次，作为矿藏，铜深埋于地下，暗示人类根源于土地的本质。海子眼中的中国，正是一块深藏在亚洲大陆下坚实的矿藏。

① 海子：《亚洲铜》，见《海子诗全编》，上海：上海三联书店，1997 年，第 3 页。

诗中说，祖父、父亲和我，都已经或即将死在这里，这是“唯一的一块埋人的地方”，周而复始的生命循环，大地上上演的出生与死亡，既成就了诗意的栖居，又表达了生存的空虚。海子的深情歌咏，不过是暗示了农耕文明无可挽回的消逝，一代代大地之子的苦难和哀伤。海子的诗，终究是一个时代的挽歌。

但这首诗中的元素意识和呼吸特征却奠定了海子独特的写作姿态，在他另一首更加有名的诗——《日记》中，我们能够体会得更加充分而透彻。

姐姐，今夜我在德令哈，夜色笼罩
姐姐，我今夜只有戈壁

草原尽头我两手空空
悲痛时握不住一颗泪滴
姐姐，今夜我在德令哈
这是雨水中一座荒凉的城

除了那些路过的和居住的
德令哈……今夜
这是唯一的，最后的，抒情。
这是唯一的，最后的，草原。

我把石头还给石头
让胜利的胜利
今夜青稞只属于她自己
一切都在生长
今夜我只有美丽的戈壁空空
姐姐，今夜我不关心人类，我只想你[1]

---

① 海子：《日记》，见《海子诗全编》，上海：上海三联书店，1997 年，第 423 页。

1988年7月，海子坐火车，夜晚经过小城德令哈，这个城市的名称在蒙古语中意味着“广阔的原野”，它位于西宁和柴达木盆地之间。越过德令哈，就可以北达敦煌，西至新疆东南部，也可以通向青藏公路，诗人可能还由此折返走向了西藏。还有人认为，德令哈，在蒙古语里是“世界”的意思。这或许意味着，德令哈就是世界，对于北方人民，世界就是广阔的原野，原野就是整个世界，而到了德令哈，似乎走到了世界的尽头。

《日记》是一首被后来的读者解读不尽的作品。诗人乘火车经过德令哈，看到茫茫草原上一座荒凉的小城，夜色笼罩中的戈壁空空荡荡，雨水把这座小城与一切隔开，诗人或许感到了自己的孤独，或许想念起某个人，也许是某个女性，无论这个人是假想的情人还是夭折的姐姐，无论她是母亲的替代者还是诗本身的化身，其实都有着私密性，是日记中的一页，但这首诗最后触及了人类，显然又已经公开了所有的秘密。

世界的核心和秘密就是孤独，孤独是世界本身的私密性。孤独把一个个世界隔离开来，每一个世界都以孤独为它的核心，如同诗歌的本质，诗歌内在唯一的私密性，就是孤独，因为私密，所以更加孤独，这是诗歌内在的黑洞，其中所有被封闭的光芒，等待着爆发，在死亡的那一刻，在诗歌到来的那一刻，在语言产生的那一刻。

大多数海子的研究者喜欢从他的比喻或象征出发，从麦子、少女、河流、村庄、大地出发，进入诗歌语言的意象研究，将海子单纯地看成一个农业诗人，这无疑只停留在诗学研究的第一个层面，即诗歌的“修辞语言”分析阶段。

这种研究没有注意到海子的诗歌命名了一个独有的世界，他保持着自己独特的命名世界的方式，在独特的句法中打开一个新的生命空间，比如《日记》中的“姐姐”“今夜”“德令哈”“空空”“唯一”“最后”等词语，都在命名着一个自己的诗意世界，对“命名”的发现，其实已经进入了诗学研究的第二个层面。

但仅仅是“命名”可能还不够，诗歌研究需要发现诗歌语言中一种隐秘的“前语言姿势”。在《日记》中，我们可以体会到汉语里这种全新的言说方式，就是诗学研究的第三个层面：“我把石头还给石头/让胜利的胜利/今夜青稞只属于她自己。”这种奇异的言说方式，会令人想到海子一些更加有名的诗句：“远方，除了遥远，一无所有。”“远在远方的风比远方更远。”这种诗歌言说，其实就是暗示我们在一首诗中追问语言自身的特性，打开一种不可能的深度，进一步开发言说的潜能。

顺着这个思路，我们继续阅读《日记》，于是读到这样的句子：“这是唯一的，最后的，抒情。/这是唯一的，最后的，草原。”唯一的，最后的，就是只剩下一点点，就是濒临极限和绝对的，那么，海子在最后写道：“今夜我只有美丽的戈壁空空/姐姐，今夜我不关心人类，我只想你。”在这个时候，语言，诗歌，已经走到尽头，已经没有存在的意义，一切诗歌都并不存在，一切修辞、命名和姿势都陷入沉默，一切都是多余的，只剩下沉默的祈祷和空空的等待，伴着整个雨中戈壁的荒凉和小城的孤独，我们的诗歌阅读进入第四个层面，沉默的经验，而一切又都在生长，石头在生长，夜色在生长，悲伤在生长，甚至荒凉本身也像雨中的青稞一样，在沉默中生长……理解到这一点，也就领悟到了海子的诗歌语言中一种内在的无限的张力和一种朝向未来的可能性。诗歌需要自己的未来，海子的诗歌经验成就的不是怀旧的胜利，不是当下的胜利，而是未来的胜利。

骆一禾在《“我考虑真正的史诗”——〈土地〉代序》中介绍说：“海子从 1984 年起写下了不朽名篇《亚洲铜》和《阿尔的太阳》，之后进入了五年天才的生涯：近 300 首抒情诗是具有鲜明风格和质量的，堪称对中国新诗的贡献。他最着力的则是名为《太阳》的一部全书。在他辞世前将全部遗稿交我处理的遗书中，他列入了全部长诗篇目，总名为《太阳》，其中生前完成了七部。”①

除了抒情短诗的创作，海子生命的后期开始全身心地投入“现代史诗”的写作中。评论界认为，在“史诗”创作上，海子广泛借鉴了丰富的世界文学遗产，不仅包括西方的英雄史诗及文人创作史诗，也包括东方史诗，尤其是对印度史诗的借鉴。这种从西方史诗向东方史诗的过渡和融合，暗示了海子创作的一个根本倾向：综合的倾向。他的史诗或大诗，也是高度综合性的诗歌。这种综合的倾向，也表现在海子对“王子”和“王”这两类形象的吸取和整合。其中“王子”形象包括一些深渊圣徒和早夭的浪漫主义诗人，比如凡·高、陀思妥耶夫斯基、雪莱、爱伦·坡、荷尔德

① 骆一禾：《骆一禾诗全编》，上海：上海三联书店，1997 年，第 861 页。

林、叶赛宁、克兰和马洛，甚至还包括卡夫卡、席勒和尼采……“王”形象是“亚当型的巨匠”，比如米开朗琪罗、但丁、莎士比亚和歌德，他们与原始力量之间的关系是正常的、造型的和史诗的，海子把他们的作品称为伟大的诗歌。

这种朝向未来的写作姿态也不免会引发许多同行的争议。其中，诗人西渡认为：“就长诗而言，虽然海子并不缺乏必要的才华，但却由于缺乏这类宏大构思所需要的耐心、阅历和材料的准备，最终他并没有找到一条使其转化为伟大的诗歌文本的途径。但他的诗歌理想和写作抱负确实给懦弱、自负的当代诗坛带来巨大的震撼。进入 90 年代以来，一些在写作倾向和抱负上都和海子极不相同的诗人相继考虑并进行长诗写作，显然与海子的激励不无关系，虽然其努力的方向也许和海子存在根本的分歧。对海子本人而言，即使他没有写下《太阳・七部书》的任何一部，他所写下的那部分优秀的抒情诗也足以使他的诗名垂诸久远而不朽了。”①

总之，正如骆一禾所说，海子的作品“不是一种终结，一种挽歌，而带有朝霞艺术的性质”。在中国更年轻一代的写作者中，海子的诗歌还在持续地影响和鞭策着他们，发生在海子身上的死亡神话和语言奇迹，也成为中国当代文化史上无法绕开、常提常新的话题和问题。在中国诗歌的浩瀚星空中，海子也无疑成为一颗冉冉升起、璀璨夺目的启明星。

第三节　昌耀诗歌的自传性和美学特质

论诗歌界的辈分，海子出生于 20 世纪 60 年代，属“第三代诗人”，而昌耀出生于 20 世纪 30 年代，人们习惯于将他划归为“归来者诗群”，显然是海子的长辈。但从知名度上看，海子跟随他的诗歌神话而名满天下，昌耀在生前身后相当长的时间里，都受到评论界的漠视，知其诗名者寥寥无几。但海子与昌耀却是两位心气相通的杰出诗人，他们都为当代汉语新诗的写作留下了宝贵的财富。虽然昌耀远在青海，但有证据表明，海子在西部旅行中很有可能拜访过这位他心目中的老英雄。在

① 西渡：《守望与倾听》，北京：中央编译出版社，2000 年，第 249 页。

昌 耀

昌耀在世时，海子的挚友骆一禾也曾撰写过一篇极有分量的评论，称昌耀是当代的一位“大诗人”。那么昌耀究竟是一个怎样的诗人？他又为这个世界留下了什么样的诗篇呢？

诗人柏桦曾经提出过一个有趣的观点，他认为：“诗人比诗更复杂、更有魅力，也更重要。诗人的一生是他的诗篇最丰富、最可靠、最有意思的注脚，这个注脚当然要比诗更能让人怀有浓烈的兴味。”这种认定对于昌耀诚然是有效的。作为中国当代“役期”最长的“右派”诗人之一，昌耀的诗具有很强的自传性质，诗人的生平经历通过艺术的手段保存和呈现在了他的众多作品当中。

昌耀原名王昌耀，1936 年出生于湖南桃源王家坪村（今红岩垱村）的一个城堡式的大宅院里，但他无意于宴居故里，而是热切地渴望着离开家园，奔赴远方。他瞒着父母报考了中国人民解放军第 38 军 114 师的文工队，开始了日夜与军鼓、二胡和曼陀林为伴的戎马生涯，不久即随军开赴朝鲜战场。很快，昌耀负伤回国，被诊断为“脑颅颞骨凹陷骨折”，被评定为“三等乙级”残废。接着，昌耀进入河北荣军学校进行了 2 年的学习，在毕业前夕，他从保定城里买来了一张名为《将青春献给祖国》的藏地风情宣传画，画中那个年轻人无比幸福、自信的笑脸使昌耀躁动的心备受鼓舞，再一次激起了他的远方情结。毕业后，他响应了国家的号召，毅然决定投身大西北建设。1955 年 6 月，昌耀踏上了青海的土地，先是在青海省贸易公司担任秘书，后调入青海省文联担任编辑，同时在《青海文艺》（也就是现在的《青海湖》杂志）兼任创作员。这或许也是昌耀一生中度过的少数几段纯真烂漫的日子之一，在他几年后创作的诗——《凶年逸稿》中，我们能够辨认得出，在那些饥馑、浪漫的日子里，一个远离抒情中心的诗歌少年，悉心捕捉美丽事物时的动人身影。

有一个时期（那已像梦一般遥远）

我坐在黄瓜藤蔓的枝影里抄录采自民间的歌词。
我时而停下笔来揣摩落在桌布的影迹
或有着石涛的墨韵笔意。
中午，太阳强烈地投射在这个城市上空
烧得屋瓦的釉质层面微微颤抖。
没有云。没有风。斗拱檐角的钟铃不再摇摆。
真实的夏季每天在此仅停留四个小时。
但在紧张施工的城市下水道堑壕却极阴凉。
整晚我坐在自己的斗室敞开唯有的后窗
听古城墙上泥土簌簌剥落如铭文流失于金石。
夜气中沉浮着一种特殊的丁香气味。
是线装图书、露水或黎明的气味。[①]

1957年的昌耀年纪尚轻，专注于民间采风，热爱创作。由于他对政治生活和社会活动不太积极，并且刚好有人揭发他写了“歪诗”（也就是《林中试笛》），青海省文联“理所应当”地把从上头分配下来的“右派”指标划归给他，让他到农村接受贫下中农再教育。下放到牧区后，他在尊严问题上屡次顶撞村支书，并听从房东的建议，装病不出工，在“家”里摆弄乐器，终于招来几个荷枪实弹的人将他带走，成为真正意义上的囚徒。在那个极端的时代，历史的阴差阳错彻底改变了一个阳光少年后半生的命运。

昌耀所经历的折磨是常人难以想象的。在那个非常时期，诗人鲜有作品留下，我们只能通过他的只言片语，去喟叹那些噩梦般的日子。在《艰难之思》中，昌耀有过这样的回忆：

1958年5月，我们一群囚犯从湟源看守所里拉出来驱往北山崖头开凿一座土方工程。我气喘吁吁与前面的犯人共抬一副驮桶（这是甘青一带特有的

① 昌耀：《凶年逸稿》，见《昌耀诗文总集》，西宁：青海人民出版社，2000年，第30—31页。

扁圆形长腰吊桶,原为架在驴马鞍背运水使用,满载约可二百斤)。我们被夹挤在爬坡的行列中间,枪口下的囚徒们紧张而悚然地默默登行着。看守人员前后左右一声声地呵斥。这是十足的驱赶。我用双手紧紧撑着因坡度升起从抬杠滑落到这一侧而抵住了我胸口的吊桶,像一个绝望的人意识到末日将临,我带着一身泥水、汗水不断踏空脚底松动的土石,趔趄着,送出艰难的每一步。感到再也吃不消,感到肺叶的喘息呛出了血腥。感到不如死去,而有心即刻栽倒以葬身背后的深渊……①

祁连山荒蛮的腹地见证了诗人无数次与死神对视的刹那。这无疑是昌耀一生中最重要的一个时期,这段艰辛的历史镌刻出昌耀无数的创伤记忆,也塑造了他苍莽、健朗、博大的诗风。在昌耀最重要的一首作品《慈航》中,让我们来领略一下诗人所抵达的生命高度和精神境界。

是的,在善恶的角力中
爱的繁衍与生殖
比死亡的戕残更古老、
　　　　更勇武百倍。

我,就是这样一部行动的情书。

我不理解遗忘。
也不习惯麻木。
我不时展示状如兰花的五指
朝向空阔弹去——
触痛了的是回声。

① 昌耀:《艰难之思》,见《昌耀诗文总集》,西宁:青海人民出版社,2000年,第400页,有改动。

然而，

只是为了再听一次失道者

败北的消息

我才拨动这支

命题古老的琴曲？

　　在善恶的角力中

　　爱的繁衍与生殖

　　比死亡的戕残更古老、

　　　　　　更勇武百倍。[①]

1980 年，《诗刊》第一期上发表了昌耀的长诗《慈航》，这是一首在今天看来都夺魂摄魄的作品。此时的昌耀，终于摘掉了 20 多年的“右派”帽子，恢复了名誉和工作，重新享受写作的自由，他的诗歌生命也开启了一个崭新的阶段。随即到来的，是他写作生涯里的一次高峰，许多奠定昌耀诗歌地位和写作格调的作品，均诞生在这一时期。除了《慈航》，《山旅》《划呀，划呀，父亲们！》《旷原之野》《青藏高原的形体》（组诗）、《河床》《巨灵》等诗作，都在中国诗坛产生了广泛的影响，评论界也将他这段时间写的诗命名为“西部诗”或“新边塞诗”，他的作品一时间成了诗歌界的热门话题。

在一次访谈中，昌耀对自己的诗风有过这样的描述：“我的诗是键盘乐器的低音区，是大提琴，是圆号，是萨克斯管，是老牛哞哞的啼唤……，我喜欢浑厚拓展的音质、音域，因为我作为生活造就的材料——社会角色——只可能具备这种音质、音域。”昌耀用“低音区”来定义自己诗歌的声学品质，这是他的历史记忆和社会角色赋予他的朴实风格，也是他的内在秉性使然。昌耀曾坦诚地说：“我欣赏那种汗味的、粗糙的、不事雕琢的、博大的、平民方式的文学个性……我所理解的诗是着眼于人类生存处境的深沉思考。是向善的呼唤或其潜在意蕴。是对和谐的永恒追求与重铸。是作为人的使命感。是永远蕴含有悲剧色彩的美……我厌倦

① 昌耀：《慈航》，见《昌耀诗文总集》，西宁：青海人民出版社，2000 年，第 110—111 页。

纤巧。”

雄浑的低音区奏响了沉潜在人性深处的命运音符,偏重低音的声学特征,也使他的诗歌具有了风化和沉淀的力量,形成一种坚硬的质地,一种劳作的美学,一种雕塑感。昌耀不失机缘地寻找到了一类坚硬的形象,它们浑身充溢着斧凿时噼啪的火星和砥砺的音符,他喜爱将它们置于诗集的封面,以表明自己的美学品位,如同他津津乐道于“卡斯特罗气节”“以色列公社”等左派形象一样。美学上的“左派”却成为政治上的“右派”,昌耀承受着精神和肉体上双重的撕扯和摧残,他在自己的诗歌雕像中品咂着一种错乱而迷幻的中国公民身份。

昌耀选择了诗歌,诗歌也选择了昌耀。昌耀会这样告诉自己:

你是风雨雷电合乎逻辑的选择。
你只当再现在这特定时空相交的一点。
但你毕竟是这星体赋予了感官的生物。
是岁月有意孕成的琴键。①

昌耀把自己视为一个“无产者”诗人,并且誓死捍卫他的美学光晕。这种在写作中雕凿出的坚硬感,同样在昌耀辗转的生活中继续流传。在复出后百无聊赖的日子里,他依然顶着剧烈的高原反应参加诗会;与他的妻子离婚后,他横下一条心把住房留给她和子女,自己搬到摄影家协会的办公室独居,沦为“大街看守”;个人诗集出版受阻,不善于经营自己的昌耀,别出心裁地在《诗刊》上发表了一则既有趣又无奈的“征订广告”;感情无所归依的诗人,苦恋着远方的梦中情人,一日突发奇想,在信中煞有介事地向后者索求“长长的七根或九根青丝”;直到生病入院,因无法忍受病房吵闹不宁,他执意要求医院在走廊为他增设一张病床,直到万念俱空……在无法逆转的时代车轮的碾压下,昌耀力图在每一个微小的生存缝隙里行使着他的自由意志,在每一个命运的交叉路口处为自己做着决绝的裁定。而在他

① 昌耀:《慈航》,见《昌耀诗文总集》,西宁:青海人民出版社,2000年,第126页。

一生中的众多选择和裁定中，只有诗歌成全了他的生命体验。

第四节 昌耀诗艺的变化和对当代汉诗写作的意义

在《作为自传的昌耀诗歌》一文中，诗歌评论家耿占春试图把昌耀的诗歌读成一部个人精神传记，挖掘这一话语整体的社会符号学意义，他说：

> 他诗篇中的经验内涵承受着沉重的历史负荷与集体记忆，而他的诗歌想象力、他的修辞学幻象和象征主义，既是与这样的历史负荷相一致的对应物，又是修正与转换这种历史负荷的方法，他的诗歌因此而被理解为比记录单纯的个人困境更为深入的一种转换困境的方法。因此我们最终能够把作为自传的昌耀诗歌，翻转为反自传的创造过程的记录。[①]

昌耀的诗歌在整体上直观表达了他的命运，就像他的一部诗集名称所取的那样，这是一部“命运之书”。然而，命运的原子一刻不停地在持续裂变着，我们在某一刻突然发现，他的作品似乎变得大不一样了。1985 年，昌耀写出了一首意境悠远的诗歌《斯人》，标志这种变化的开始，全诗只有三行：

> 静极——谁的叹嘘？
>
> 密西西比河此刻风雨，在那边攀缘而走。
> 地球这壁，一人无语独坐。[②]

① 耿占春：《作为自传的昌耀诗歌》，见林建法、乔阳：《中国当代作家面面观（下）》，沈阳：春风文艺出版社，2006 年，第 900 页。

② 昌耀：《斯人》，见《昌耀诗文总集》，西宁：青海人民出版社，2000 年，第 305 页。

这首具有地平线意义的小诗，为昌耀获得了至高的荣誉，他将抒情主体从充满深刻透视感的历史场景拉回到了当下的生活世界，也让诗人终于有机会把自己遥远的目光收敛在眼前的生存处境上。从《斯人》开始，昌耀的写作发生了一次重大的飞跃，他的诗由赞美西部河山和陈述历史记忆等题材转向了心灵世界里诸元素的微妙化合。这种转变帮助昌耀更精确地表达了他在日新月异的时代生活面前更加消极的生存处境。在《头戴便帽从城市到城市的造访》中，昌耀写道：

这个世界再没有向导能够为我指明这块门牌了。
他们不喜欢我的便帽。这里不记得便帽。
然而那头戴便帽的一代已去往何处？
感觉眼中升起一种憔悴。
我的便帽也蓦然衰老了。[①]

了解昌耀生活履历的读者差不多都会赞同这样一个判断：从最初刺入皮肉的“荆冠”，到挥之不去的“无产者诗人”的桂冠，再到遭人冷落的“铲形便帽”，这些组成了一部中国当代诗人的精神冠冕史，其中记载着诸多的苦难记忆。以“铲形便帽”为代表的这种顽强但被世人遗忘的信仰符号，如同堂吉诃德陈年的甲胄，一直被昌耀携带进中国社会下一个崭新阶段。在冠冕符号的整个变形历程中，我们看到，昌耀并没有跟随机敏的大多数人做出同步的调换，他是根深蒂固的不合时宜者，因为昌耀的目光散发着一种古典主义的光芒，他头顶上那些或真实或虚幻的帽子，其实来源于同一个原型。

在一首名为《紫金冠》的作品中，昌耀写道：

我不能描摹出的一种完美是紫金冠。

① 昌耀：《头戴便帽从城市到城市的造访》，见《昌耀诗文总集》，西宁：青海人民出版社，2000 年，第 496—497 页。

我喜悦。如果有神启而我不假思索道出的
正是紫金冠。我行走在狼荒之地的第七天
仆卧津渡而首先看到的希望之星是紫金冠。
当热夜以漫长的痉挛触杀我九岁的生命力
我在昏热中向壁承饮到的那股沁凉是紫金冠。[①]

我们在诗人的文字中仿佛瞥见了“紫金冠”的显现，它是昌耀诗歌中的最高形象，我们幻想自己也能够戴上它。站在这卷命运之书最后的、最闪亮的一个词根上，我们沿着昌耀的古典主义目光一路回望，那些不断远逝的、有意或无意被遗忘的风景和故事，都在这停下的片刻重新回到我们面前。

昌耀的一生，走完了中国20世纪里大半个时代征程，在赞美了那么多的“父亲们”之后，他自己也终于成了我们的“父亲”。那些短暂的欢乐和悠长的痛苦，依然被他身后众多的同胞和“儿子们”所分享和承担，谁也不知道明天的生活会更加美好，还是更加糟糕。只有那些“没有人读的诗”（茨维塔耶娃语）会留下来，留在中国人的语言中，变成这种语言的一部分。它让我们的生命愈益丰富，让我们的灵魂在语言中接受沐浴、建构、焚烧和吐纳的多重体验。语言会像蜡块一样，为我们保存下活着的痕迹。

昌耀依靠诗歌书写自己一生的曲折命运，让我们察觉到他仿佛正在用自己热爱的汉语呼吸，维系着诗人生命中的信仰和血气。在这一点上，昌耀与海子是殊途同归的。作为我们时代的天才诗人，他们被自己的母语放逐到了这条漫长、迂回的航线上，他“倒退着前行”，把目光投向遥远的起点，将一路的风景和足迹尽收眼底，用面朝过去的姿态拥抱未来。作为一种在无间断的华夏历史中绵延不绝的语言，汉语创造了中国人的宗教。不论海子还是昌耀，都犹如高原上的牧羊人，一边用皮鞭驱策着自己的诗歌，一边又接受汉语的驱策：他们降生在古老的汉语中，也创造出崭新的汉语。这就是古往今来的诗人所共同肩负的责任。

① 昌耀：《紫金冠》，见《昌耀诗文总集》，西宁：青海人民出版社，2000年，第477页。

参考文献

[1] 海子，骆一禾. 海子、骆一禾作品集[M]. 南京：南京出版社，1991.

[2] 海子. 海子的诗[M]. 北京：人民文学出版社，1995.

[3] 海子. 海子诗全集[M]. 北京：作家出版社，2009.

[4] 燎原. 扑向太阳之豹：海子评传[M]. 海口：南海出版公司，2001.

[5] 崔卫平. 不死的海子[M]. 北京：中国文联出版社，1999.

[6] 金肽频. 海子纪念文集[M]. 合肥：合肥工业大学出版社，2009.

[7] 昌耀. 昌耀的诗[M]. 北京：人民文学出版社，1998.

[8] 昌耀. 昌耀诗文总集：增编版[M]. 北京：作家出版社，2010.

[9] 燎原. 昌耀评传[M]. 北京：作家出版社，2016.

[10] 燎原，章治萍，肖黛，等. 最初的传承：昌耀诞辰 70 周年祭[M]. 香港：香港天马图书有限公司，2006.

[11] 张光昕. 昌耀论[M]. 北京：作家出版社，2018.

思考题

1. 请结合作品，谈一谈海子的抒情短诗和“现代史诗”各有哪些突出的特征。
2. 谈一谈昌耀诗歌的自传性在当代汉语诗歌写作上的意义。

（张光昕）

第五讲 路遥《平凡的世界》

路 遥

2018 年 12 月，在中共中央、国务院发布的表彰改革开放杰出贡献人员之“改革先锋”名单中，中国作家路遥和蒋子龙榜上有名。与此同时，著名文学评论家白烨提供了一组显赫的数字，表明路遥《平凡的世界》在小说联播和图书重印上创造了当代文学作品前所罕有的两个纪录。《平凡的世界》当年在中央人民广播电台长篇联播节目播出后，又在陕西、云南、新疆、内蒙古等省区台重播。据中央人民广播电台测算，《平凡的世界》当年的直接听众达到了 3 亿人之多。在图书出版方面，据现有的出版者——北京十月文艺出版社的数字统计，《平凡的世界》每年重印 100 万套。而且，在近年一些高校图书馆学生借阅文学图书的数字统计中，《平凡的世界》一直排名第一。这样的现象都集中地发生于一部作品，并不多见，也很不寻常，而这样的现象，实际上给我们提出一个值得思考的问题，那就是《平凡的世界》何以在三十年来一直常销不衰，广大读者尤其是青年读者为何对《平凡的世界》如此喜欢？①

还有一则信息，2015 年，清华大学校长邱勇向每位清华新生赠送了一套《平凡的世界》，希望他们在阅读中领悟和思考“人生的奋斗，理想的追求”。清华同学们的读书心得之后汇集出版，一时传为佳话。

那么，《平凡的世界》长盛不衰的奥秘何在？《平凡的世界》的价值内涵和重要意义是什么？

---

① 白烨：《〈平凡的世界〉何以常销不衰？——出版三十年后的再观察》，《文艺报》，2018 年 12 月 14 日。

第一节　经典现实主义理论与《平凡的世界》的契合

引言（视频）

路遥的长篇小说《平凡的世界》问世约四十年，在众多的青少年读者中间产生了热烈的反响，阅读的热潮持续不退，近年间根据小说改编的同名电视连续剧也在观众中间赢得了极好的口碑。与之相关，在学界如何评价《平凡的世界》，还是存在较大的问题的。《平凡的世界》问世之初曾经遭到批评界的冷落，时至今日，更多地把《平凡的世界》看作青少年励志小说的大有人在。这种说法是有道理的，确实有众多的青少年，尤其是家境平平的有志青少年将这部作品奉为人生奋斗的教科书。但是仅仅停留于此论，对《平凡的世界》的评价还是远远没有达到它应有的高度。只有把《平凡的世界》置放在经典现实主义理论的视野中，我们才能更好地确定路遥给中国当代文学带来的巨大贡献，才能给《平凡的世界》以充分的评价。

这里所说的经典现实主义理论是指马克思、恩格斯和列宁在评价狄更斯、司汤达、巴尔扎克和托尔斯泰等 19 世纪杰出的现实主义文学大师时，从中概括出来的关于历史、社会、现实与文学之关系的经典论述。

狄更斯、司汤达、巴尔扎克和托尔斯泰，作为 19 世纪现实主义文学的代表性作家，他们身处于巨大的社会历史转型期间，面临着政治、经济、文化和社会生活的全方位转型，得时代风气之先，以丰富驳杂的社会生活阅历，对社会各阶层人们的精神状态、道路选择进行了深入考察；以天才般且博大的艺术创造力，创造了现实主义文学的高峰。马克思、恩格斯和列宁则是以无产阶级革命理论家的睿智，对他们的作品予以高度评价，并且从中提炼出了经典现实主义文学理论的基本原则。

这一理论在 20 世纪 30 年代之初经由瞿秋白等人介绍到中国来，在中国的大地上落地生根，曾经深刻影响了茅盾、周扬、胡风、柳青、梁斌、周立波、姚雪垠、欧阳山等一代作家的文学创作，形成中国当代文学特有的精神传统。在 20 世纪 80 年代文化语境中，现代主义和先锋文学大行其道，而现实主义被认为是过时旧物，在创作上忽视《平凡的世界》等写实力作，在理论上宣告现实主义已经日薄西山。但自“新写实”和“现实主义冲击波”兴起，现实主义精神再度崛起，一度被萨特、博尔赫斯、乔伊斯、卡夫卡等遮蔽的狄更斯、托尔斯泰、巴尔扎克等现实主义大师重新焕发出不朽的光芒，经典现实主义理论也再度进入人们的视野。

经典现实主义文学理论与路遥《平凡的世界》相契合有几个要点：一是及时地捕捉和表现巨变时代的基本走向，呈现历史的基本脉络；二是描绘历史巨变给社会生活方方面面造成的巨大冲击，展现包括经济细节在内的时代全景图画，以及社会各阶层的人们的命运变迁；三是在社会各阶层的冲突与合作、竞争与排斥之中，塑造具有鲜明特性的典型环境中的典型人物。而这三点，也正是经典现实主义理论的核心命题。

第二节　时代大潮：农村土地制度改革由何而生

在当代作家中，路遥是具有强烈的前瞻能力和时代感的佼佼者。

在《平凡的世界》中，路遥选取了1975—1985年的历史时段，展开时代的宏伟画卷。在创作随笔《早晨从中午开始》一文中，路遥这样表述他对这伟大的时代变迁的深刻领悟。

> 这十年是中国社会的大转型期，其间充满了密集的重大历史性事件；而这些事件又环环相扣，互为因果，这部企图用某种程度的编年史方式结构的作品不可能回避它们。当然，我不会用政治家的眼光审视这些历史事件。我的基本想法是，要用历史和艺术的眼光观察在这种社会大背景（或者说条件）下人们的生存与生活状态。作品中将要表露的对某些特定历史背景下政治性事件的态度；看似作者的态度，其实基本应该是那个历史条件下人物的态度；作者应该站在历史的高度上，真正体现巴尔扎克所说的“书记官”的职能。但是，作家对生活的态度绝对不可能“中立”，他必须做出哲学判断（即使不准确），并要

充满激情地、真诚地向读者表明自己的人生观和人性。[①]

以巴尔扎克为榜样,做历史的“书记官”,路遥的这种选择在当代作家中是非常独特的。以中共十一届三中全会为标志而开始的历史新时期扭转了中国历史发展的方向,也改变了中国文学的发展方向。改革开放至今,有很多“山重水复”“柳暗花明”,有很多戏剧性的冲突、传奇性的故事。其中有极其重要的变化,是来自乡村,来自亿万农民的自发选择与历史潮流的重合。《平凡的世界》所要解答的是:中国改革开放从哪里来,到哪里去?这样的宏大命题,用直接的方式表述,这在新时期文学中鲜有第二人。因此,小说从 1975 年写起就不仅仅是要凑一个十的整数,而是经过精心思考的。《平凡的世界》在相当的深度和广度上展现了时代风貌。

1975 年正是“文革”的后期,其弊端已经彻底暴露出来,但极左思潮肆虐多年造成巨大的历史惯性,仍然在运转。书中讲述,在政治领域仍然是“以阶级斗争为纲”,把卖老鼠药的王满银和精神不完全正常的田二拉出来进行批判斗争,进行强制劳动的惩罚,推行“阶级斗争一抓就灵”的方略;在农业生产上,不顾各个地方的自然条件,强迫全国农民都要参加“农业学大寨”运动。孙少平在学校里因为偷偷阅读《钢铁是怎样炼成的》《红岩》等被禁止阅读的图书受到老师的严厉批评,学校的正规教育遭到破坏,文化知识课程少,学生常常被拉出去参加农业劳动。

《平凡的世界》的第一章,写到了孙少平就读的中学午餐时间学生们就餐的情况,各种粮食做成的吃食,被学生们戏称为欧洲、亚洲、非洲的白馍、黄馍、黑馍,以及孙少平这样条件更差只能自带干粮的穷苦学生的午餐,非常生动地展现了“文革”时期乡村经济的贫困。孙少平的姐姐兰花,一个年轻俊气的农家姑娘,从小到大没有穿过像样的衣服,姑娘家天性爱美,因为王满银送给她一身时新的衣服,就死心塌地爱上了这个不务正业的二流子,人们的感情生活、年轻人对美的追求又贫乏到了何等地步?身为生产队长的孙少安,在给社员们分猪饲料地的时候,有意识

① 路遥:《早晨从中午开始》,北京:北京十月文艺出版社,2012 年,第 23—24 页。

地放宽尺度，超标准多分了几分地，让大家多得到一些利益，就遭到全公社范围的点名批判，这也让人感慨，一心为群众谋利益的好干部，为何难以容身立足。

具有讽刺意义的是，这样的时代，同样是充满“创造性”的，就像作品中写的那样：

> 在农村，阶级斗争的弦绷得更紧了。县、社、队三级，一切工作都用革命大批判来开路。有的县竟然集中四五百脱产干部，到一个生产队去批判一个大队书记的“资本主义倾向”。
>
> 在公社一级，出现了一种武装的“民兵小分队”，这个组织的工作就是专门搞阶级斗争。这些各村集中起来的“二杆子”后生，在公社武装专干的带领下，在集市上没收农民的猪肉、粮食和一切当时禁卖的东西。他们把农村扩大了几尺自留地或犯了点其他“资本主义”禁忌的老百姓，以及小偷、赌徒和所谓的“村盖子”、“母老虎”，都统统集中在公社的农田基建会战工地上，强制这些人接受“劳教”。被“劳教”的人不给记工分，自带口粮、被褥，而且每天要干最重的活：用架子车送土。一般四个“好人”装，一个“坏人”推；推土的时候还要跑，使得这些“阶级敌人”没有任何歇息的空子。最使这些人难堪的是，在给他们装土的四个人中间，就安排一个自己的亲属。折磨本人不算，还要折磨他的亲人；不光折磨肉体，还要折磨精神。①

中国人尤其是传统的中国农民，是最讲究脸面、最讲究家庭伦理的，这样的行为对人的精神的摧残无以复加。

明白了“文革”末期中国社会的真实景观，也就可以顺理成章地理解接下来的时代变革从哪里来到哪里去。这在《平凡的世界》中都有极为精彩的表现，乡村从人民公社体制下挣脱出来，经由联产承包责任制再到分田到户，取代了政治上的高压强控，以农民自身的利益与国家利益的统一，激发农民进行农业生产的独立自主性，大规模地提高劳动生产率，解决了中国十几亿人口的吃饭问题。这就是孙少安

---

① 路遥：《平凡的世界》(第一部)，北京：中国文联出版公司，1986年，第31—32页。

和双水村的农民在历史转型时期的命运变迁。中国创造了辉煌的农业文明，农民曾占据人口的绝大多数，但是在许多年间，农村的真实生活图景、衣食住行处于什么样的状况？身为原西县革委会副主任的田福军，在县里的会议上，用一组组翔实确切的数字，从一个更高的层面描述了自20世纪50年代到“文革”结束时期农村的经济状况：

> 作为管农业的副主任，田福军立刻给常委们摆出了一滩数字：一九五三年全县人均生产粮九百斤，而去年下降到六百斤，少了近三分之一。从五八年到七七年的二十年间，有十六个年头社员平均口粮都不足三百五十斤；去年仅有三百一十五斤，而其中三百斤以下的就有二百四十一个大队、四万一千多人，占全县人口的三分之一。四九年人均生产油品九斤二两，去年下降为一斤九两……社员收入低微、负债累累，缺吃少穿。劳动日值只有二、三角钱，每户平均现金收入只有三、四十元。超支欠款的达二千三百户。去年国家贷款余额近一千万元，人均欠款五十多元。社员欠集体储备粮一千三百多万斤，相当于全县近一年的征购任务……[①]

这就是让人非常难堪又无法回避的真实，这就是为什么会实行生产责任制和包产到户最真实的根源所在。

20世纪80年代初期，关心乡村命运的许多作家，都曾经为包产到户带来的农村生活新气象欢欣鼓舞，命笔为文，如何士光的《乡场上》、高晓声的《陈奂生上城》、张一弓的《黑娃照相》，这些作品都是因为表现了土地承包责任制带给农民的物质的与精神的变化而受人称道，屡屡获奖。但是在大范围长时段地表现这种变革的来龙去脉和必然性方面，恐怕只有路遥用心思下力气，在《平凡的世界》里予以深刻的表现。时至今日，如果年轻的后来者们要询问中国乡村这一场剧烈的变革是怎么样发生和为什么发生的，可以把路遥的《平凡的世界》推荐给他们去阅读去思考。

---

① 路遥：《平凡的世界》（第一部），北京：中国文联出版公司，1986年，第467页。

第三节　改变城市：孙少平和“第一代打工仔”

摆脱了低劣的生存境遇，实现了温饱，接下来向何处发展？这才是乡村变革遇到的真正的难题。现代农业劳动的目标，已经不是满足于自给自足、丰衣足食，而是要参加市场经济条件下的商品生产和交换；要从农村召唤和转移众多的劳动力，走向日益扩大的劳动力市场。孙少安在乡村里建砖窑，发展乡村企业，虽然是几起几落，但在相当一段时间里，这就是乡村“能人”的普遍选择。孙少平的志向更大，一心要走出乡村，在城市里寻找实现自己抱负的机会。

比较而言，路遥更为欣赏的是孙少平。孙少平在打工的路上甘苦备尝，一边从事高强度的体力劳动，一边刻苦求知努力读书。支撑他的梦想的是一个乡村青年对外面的精彩世界的向往和青春的强大活力。他在建筑工地寒风逼人的屋中挑灯夜读的场景让人过目不忘。这也是众多的青少年将其视作励志榜样的原因所在，就像孙少平曾经将《钢铁是怎样炼成的》中的保尔·柯察金视作自己的人生榜样一样。

仅仅从这个角度去理解孙少平，还是远远不够的。《平凡的世界》中孙少平和别的农民的进城打工，有着各自的理由：别的农民是为了养家糊口，改善生活条件，以个人的付出，使家里人生活得好一点；孙少平是为了他那走向更为阔大的人生舞台的梦想而“自讨苦吃”，他向往的是“生活在别处”。

不能不叹服路遥的“春江水暖鸭先知”。20 世纪 80 年代前期，进城打工还只是少数农民的自发选择。从 20 世纪 80 年代后期开始，大量的农民涌入城市打工，先是到深圳和广州，后来是到北京和上海，然后扩展到全国各个大中城市，实现了农村剩余劳动力的大规模转移，充当了市场经济条件下最为廉价最有效率的自由流动的劳动者。他们的目的很单纯，但是，他们的艰辛付出，再度创造了奇迹，就是中国急剧增长的经济体量和超常规的城市化发展进程。高楼耸立，商厦的霓虹灯刺破夜空，立交桥盘根错节，高铁和高速公路伸向四面八方。中国农民自发地建立生产责任制，改变了乡村面貌，又用自发的农民工进城，改变了城市面貌。有人称孙少平是“第一代打工仔”，那么，路遥是否也可以称作表现农民进城打工的曲折经历的第一人，开启了所谓“底层叙事”和“乡下人进城”故事之先河呢？

比“写什么”更重要的问题是“怎么写”。孙少平作为路遥倾注了全部心血的作品主人公，他的真诚善良和锲而不舍，形成鲜明的性格特征，就是脚踏实地仰望星空。这位农家子弟，因为在县城读高中，得到了大量的新的信息，宁愿放弃乡村中正在富裕起来的生活，甘愿含辛茹苦地“生活在别处”。同时，他有足够的坚强意志去支撑这样的远行，有不断地充实和完善自己的行为能力。

让我们看看在煤矿当工人的孙少平和前来煤矿看望他的田晓霞之间的一段对话：

孙少平手指着对面，从东到西依次给晓霞介绍矿区的情况。

后来，他指着矿医院上面的一个小山湾，声音低沉地说：“那是一块坟地。埋的全是井下因工亡故的矿工。”

晓霞长久地望着那山湾。

她看见，山湾里，坟堆前都立着墓碑。有几座新坟，生土在阳光下白得刺眼，上面飘曳着引魂幡残破不全的纸条。

“你……对自己有什么打算呢？”她小声问。

“我准备一辈子就在这里干下去……除此之外，还能怎样？”

“这是理想，还是对命运的认同？”

“我没有考虑那么多。我面对的只是我的现实。无论你怎样想入非非，但你每天得要钻入地下去挖煤。这就是我的现实。一个人的命运不是自己想改变就能改变了的。至于所谓理想，我认为这不是职业好坏的代名词。一个人精神是否充实，或者说活得有无意义，主要取决于他对劳动的态度。当然，这不是说我愿意牛马般受苦。我也感到井下的劳动太沉重了。……你一旦成为这个沉重世界里的一员，你的心绪就不可能只关注你自身……唉，咱们国家的煤炭开采技术是太落后了。如果你不嫌麻烦，我是否可以卖弄一下我所了解到的一些情况？”

“你说！”

“就我所知，我们国家全员工效平均只出0.9吨煤左右，而苏联、英国是2

吨多，西德和波兰是3吨多，美国8吨多，澳大利亚是10吨多。同样是开采露天矿，我国全员效率也不到2吨，而国外高达50吨，甚至100吨。在西德鲁尔矿区，那里的矿井生产都用电子计算机控制……

"人就是这样，处在什么样的位置上，就对他的工作环境不仅关心，而且是带着一种感情在关心。正如你关心你们报纸一样，我也关心我们的煤矿。我盼望我们矿井用先进的工艺和先进的技术装备起来。但是，这一切首先需要有技术水平的人来实现，有了先进设备，可矿工大部分连字也不识，狗屁都不顶……对不起，我说了矿工的粗话……至于我自己，虽然高中毕业，可咱们那时没学什么，因此，我想有机会去报考局里办的煤炭技术学校。上这个学校对我是切实可行的。我准备在一两年中一边下井干活，一边开始重学数、理、化，以便将来参加考试。这也许不是你说的那种理想，而是一个实际打算……"

孙少平自己也没觉得，他一开口竟说了这么多。这使他自嘲地想：他的说话口才都有点像他们村的田福堂了！[①]

孙少平所言，他首先是要做好自己的工作，同时，他也在寻求自我提升与改造矿山生产力的契合点。这里所言，远远超出一般矿工的眼界和见识，而是一个不甘平庸的灵魂在面对严峻现实进行自我拯救的痛苦思索。孙少平想要报考矿务局办的煤炭技术学校，为提高中国的煤炭生产水平尽自己的力，不是望梅止渴的自我安慰，而是具有相当的可行性的。正如路遥曾经说过的，社会的不合理性需要统筹解决，而每个人也不能坐等其成，只能在有限的现实中争取可行与可想的最佳路径。这不是什么犬儒哲学，而是充分的人生智慧。

第四节 "编年史"与"风俗画"

前面引述过路遥的话，要学法国的伟大作家巴尔扎克，做历史的"书记官"，就是

① 路遥：《平凡的世界》(第三部)，北京：中国文联出版公司，1989年，第81—82页。

做历史的秘书，记载历史变迁。巴尔扎克曾经宣称，拿破仑用剑没有完成的，他要用笔来完成，用手中的笔去描绘法兰西社会巨变的编年史和风俗画。恩格斯在《致玛格丽特·哈克奈斯》的通信中，对巴尔扎克的《人间喜剧》系列小说做了高度的评价：

> 巴尔扎克，我认为他是比过去、现在和未来的一切左拉都要伟大得多的现实主义大师，他在《人间喜剧》里给我们提供了一部法国“社会”，特别是巴黎上流社会的无比精彩的现实主义历史，他用编年史的方式几乎逐年地把上升的资产阶级在1816—1848年这一时期对贵族社会日甚一日的冲击描写出来，这一贵族社会在1815年以后又重整旗鼓，并尽力重新恢复旧日法国生活方式的标准。他描写了这个在他看来是模范社会的最后残余怎样在庸俗的、满身铜臭的暴发户的逼攻之下逐渐屈服，或者被这种暴发户所腐蚀；他描写了贵妇人（她们在婚姻上的不忠只不过是维护自己的一种方式，这和她们在婚姻上听人摆布的情况是完全相适应的）怎样让位给为了金钱和衣着而给自己丈夫戴绿帽子的资产阶级妇女。围绕着这幅中心图画，他汇编了一部完整的法国社会的历史，我从这里，甚至在经济细节方面（诸如革命以后动产和不动产的重新分配）所学到的东西，也要比从当时所有职业的史学家、经济学家和统计学家那里学到的全部东西还要多。①

仿此，我们也可以说，路遥以包产到户和农民工进城为中心“图画”，汇集了中国的历史，甚至在经济细节方面，也给我们提供了诸多的案例。

路遥对现实主义精神心领神会。为了创作《平凡的世界》，路遥确实是下了大力气、笨功夫，立志写出改革开放时代的编年史。为了在一个更高的思想层面上高屋建瓴地把握时代的宏伟进程，他曾经把1975年到1985年这10年间的中央党报《人民日报》《光明日报》，省级报纸《陕西日报》和地区级报纸《延安日报》逐日翻阅

① 恩格斯：《致玛格丽特·哈克奈斯（1888年4月初）》，见马克思、恩格斯：《马克思恩格斯选集（第四卷）》，中央编译局编译，北京：人民出版社，2012年，第590—591页。

一遍，把手指头肚都磨出血来了。同时，他下矿井体验矿工的劳动，找机会溜到省委书记家中考察其家居风格，仔细核实四时节令与庄稼生长的关系，追求细节的真实，并且由这些密实的细节滚雪球般地累积成一部时代的百科全书。

《平凡的世界》的百科全书特征，表现在如下方面：

(1) 人物群像塑造，中纪委常委高步杰，曾经在陕北老区工作过的国务院某副总理，省、地、县的党政官员，普通民众，高中学生。

(2) 历史脉络和重大历史事件描写，“农业学大寨”运动、生产承包责任制、高考制度改革、农民工进城和陕北老区的开发建设问题等。

(3) 地域风情，乡村、集镇、县城、地级市、省会城市、首都，集中于城乡交叉地带。

(4) 行业，农业、交通、建筑、煤矿、报纸、文艺等全面覆盖。

(5) 乡俗民风，婚丧嫁娶和时令节气，秋天的“打枣节”，春节的“闹红火”，还有端午节，都描写得鲜活水灵，生活气息浓郁。

(6) 文化领域，诸如报社、作家、电影、书刊出版、大中小学校园等，都有所涉及。

(7) 经济方面，路遥给我们提供的具体细节，看似枯燥，路遥在“原文照录”地把生产队长孙少安和他的队员们签订的责任制种田合同写进作品时，特意提示说：“现将其中的一份抄录于后，无兴趣的读者可以跳过不读，有兴趣的不妨浏览一下。”对于熟悉这段历史的人们来说，当时只道是寻常；在许多年之后，对一代又一代的读者来说，这却是“立此存照”，是理解中国现实、理解作品所着力表现的农业生产体制变革的关键所在。如前面所引，田福军所讲述的新中国成立的三十年间原西县农业生产的统计数字，为这场时代变革提供了最翔实的证据。

而且，丰富的细节，不是有肉无骨地堆砌，而是精心地编织和构成作品的一个个重要板块。黄原地委领导为了尽快改变本地的落后面貌，利用革命老区的地理和人脉优势，集体进京寻求当年曾经在当地工作过的中央和部委领导的实质性支持，就是非常精心地将事情的来龙去脉和每一个细节都反复推敲，形成密不透风之势。他们不但进行了“路演”，连服装的细节都注意到了，结果却弄巧成拙——田福军们进京时每人置办一身西装，本来是为了展现革命老区的干部也能够跟得上时代改革开放的步伐，表现其良好的精神风貌，而且穿西装进京还是受到省委有关人士的指点；但是，这种用公款集体置装的行为却受到中央要员批评，就非常贴合20世纪80年代的时代氛围——在那个乍暖还寒、微妙多变的时节，各级领导人穿西装还是穿中山装，往往就是政坛变化的风向标。

在《平凡的世界》中，路遥对乡村政治的描写，娴熟透辟，出类拔萃。这并不是用政治化与非政治化的理念能够说明的，而是对生活与政治之错综复杂样态的理解问题。路遥写活了双水村以田福堂为首的一群基层干部，他们既不是“文革文学”中为了所谓阶级斗争、路线斗争立场鲜明地摆开阵势的乡村干部，也不是一些乡村叙事中面目大同小异的权势逼人的乡村一霸。乡村的政治运作也不仅仅是说行政权力就能决定一切，而是个人意志后面有着深厚的宗族势力与人脉关系。

请看双水村的干部构成：党支部书记田福堂和两个副书记孙玉亭、金俊山，正好照应了双水村的田、孙、金三大宗族，他们有合作有纷争，要看不同的场合与背景。在旱灾严重、双水村上游的村落筑起大坝控制水源的危机面前，双水村党支部的一班人，他们策划和指挥的偷水战役，可谓有勇有谋，一致对外，不遗余力地为全村人谋利益，只可惜派出去进行偷袭的年轻人热情难控，对上游村落的拦河坝破坏过度，导致自家的拦河坝也被湍急水流冲毁，还搭上金俊斌的死亡。接下来，在孙玉亭与金俊斌的遗孀王彩娥的暧昧感情上，一来是让金家人颜面全无，二来还牵涉到金家指望王彩娥再嫁离开金家，使得金俊斌的那一份微薄家产得以被金家人继承。于是有金家青年人的堵门捉奸，导致金、孙家族的矛盾激化，形成宗族械斗。要摆平这样的事情，田福堂也没有妙计，王彩娥娘家村里的族人及时赶到，出手相助，才峰回路转。春节的“闹红火”，各村都在煞费苦心想出妙招，在花样上压别的村子一头，此时此刻，不是村子的党支部当家，而是请出“长老会”，让村子里年事最高、见多识广的老年人出主意想办法。因此，村党支部、宗族势力、“长老会”各司其职，应对不同的乡村事务。

说到田福堂，他头脑确实精明，大权在握，他很少直接出面伤人，相反地，为了动员金氏家族搬迁，他可以屈膝跪拜金家老奶奶，化解金氏家族顽强的抵制情绪。孙少安给生产队员们多分了猪饲料地，更为重要的是他还是田福堂之女田润叶的亲密恋人，田福堂打压孙少安，没有直接出面，而是到公社去要求在全公社范围内丈量社员的猪饲料地面积，揭开孙少安暗中为村民争取利益的实情，借力打人。但他又是个非常称职的父亲，对儿女充满关爱之情。孙玉亭因为在外面读过书，当过工人，比那些走不出原西县的农民见多识广，能够把握特定年代的政治气候，经常给田福堂出谋划策，革命热情极为高涨，但在许多时候他为哥哥孙玉厚一家人趋利避害也会耍一些小手腕、小花样，就是我们身边常见的一种人物。

第五节 回望田野：乡村伦理和家庭伦理的重建

经典现实主义理论的一个支点是要求作家能够预见到历史的走向，能够用作品的情感评价照亮和指引现实。恩格斯称赞巴尔扎克，非常重要的一点就是巴尔扎克超越了自己的保皇派、贵族崇拜的立场，描写了代表时代发展方向的共和党的英雄们。

> 巴尔扎克在政治上是一个正统派；他的伟大作品是对上流社会无可阻挡的衰落的一曲无尽的挽歌；他对注定要灭亡的那个阶级寄予了全部的同情。但是，尽管如此，当他让他所深切同情的那些贵族男女行动起来的时候，他的嘲笑空前尖刻，他的讽刺空前辛辣。而他经常毫不掩饰地赞赏的唯一的一批人，却正是他政治上的死对头，圣玛丽修道院的共和党英雄们，这些人在那时(1830—1836年)的确是人民群众的代表。这样，巴尔扎克就不得不违背自己的阶级同情和政治偏见；他看到了他心爱的贵族们灭亡的必然性，把他们描写成不配有更好命运的人；他在当时唯一能找到未来的真正的人的地方看到了这样的人，——这一切我认为是现实主义的最伟大的胜利之一，是老巴尔扎克最大的特点之一。[①]

---

① 恩格斯：《致玛格丽特·哈克奈斯(1888年4月初)》，见马克思、恩格斯：《马克思恩格斯选集(第四卷)》，中央编译局编译，北京：人民出版社，2012年，第591页。

路遥对此有着明确的自觉意识。如前所述,路遥对以孙少平为代表的农民工进城改变城市面貌的情况,在当代文学作品中进行了第一次而且是大规模描写,捕捉到了历史前行的新的可能性。与这一重要发现相媲美,路遥在创作《平凡的世界》的20世纪80年代中期,就对中国传统的乡村伦理和家庭伦理予以酣畅淋漓的正面表现,这也是路遥的先见之明。

《平凡的世界》刻意加强描写人物的伦理价值取向,孙少安、孙少平、田润叶、田晓霞、田润生等一代青年人在爱情与婚姻的选择上,都表现出超越自我的利益与情感,以自我的部分丧失而成全他人的基本取向。更为重要的是,路遥笔下的父与子,孙氏父子,田家父女,他们在价值观上的选择可能有所差异,但路遥着力表现的不是两代人之间几乎不可调和的矛盾冲突,而是两代人之间的深厚情感。父亲,在许多时候都成为明大局识大体的家庭支柱,当孙少安在是否和父亲分家的问题上进退两难时,孙玉厚果断地决定分家,让孙少安和妻子贺秀莲得以独立出来,过几天舒心自在的日子。同时,人生经验丰富的孙玉厚,又是儿女们心中的主心骨——尽管孙少安已经是光彩的"万元户",是乡村致富的能人,他有疑难问题,还是要请教父亲:

> 虽然他和父亲分了家,日子基本上各顾各的,但在这样一些重大问题上,少安总要征求父亲的意见。父亲永远是父亲,在生活的重大关头,求得父亲的指导,这已经像原则一样固定在少安的脑子里。在任何时候,亲爱的父亲,都将是我们精神上一个最为重要和可靠的支柱![1]

家庭伦理的重建,也许是百年来中国文学中的一个重要议题。从"五四"新文学初创时期,如鲁迅的《伤逝》,巴金的《家》《春》《秋》,路翎的《财主的儿女们》,赵树理的《三里湾》,李準的《李双双小传》……直到20世纪80年代的王蒙的《活动变人形》,铁凝的《玫瑰门》,锦云的《狗儿爷涅槃》,无论时代的主题是启蒙、救亡、革命,还是改革开放、观念更新,家庭和父权制都是其清算的主要对象。每一次新的时代震

① 路遥:《平凡的世界》(第三部),北京:中国文联出版公司,1989年,第50页。

荡，都需要召唤大量的青年人摆脱父母的规训与压制，冲出家门，走向社会斗争的第一线；对“文革”的反省和批判，对专制主义、现代迷信、造神运动和封闭僵化的批判，也往往将其与君君臣臣父父子子的礼教观念连接在一起。父母一代成为过去时代与陈旧观念的象征。20 世纪 90 年代，人们的家庭意识复苏，重视个人和家庭生活，在文学艺术作品中，也开始重新修复家庭伦理和代际关系。从先锋性与“弑父意识”转而重返田野和现实主义的余华，以《活着》和《许三观卖血记》往复回环地咏赞动荡与贫困岁月中的家庭伦理和父子情深，从而真正建立了他在中外文坛上的重要地位。莫言的《丰乳肥臀》和《檀香刑》以狂放不羁与乡土传统相结合的方式，写出了和大地一样宽广仁厚的母亲，和铁血刚烈慨然赴死的父亲形象。通俗歌曲《常回家看看》得以在央视的春节晚会上大放异彩。孝道、孝敬、孝顺这些作别甚久的词语再次成为今日媒体中出现频率颇高的关键词。以此看来，路遥对家庭伦理的尊重和守护，不是他超越时代的一大发现吗？

参考文献

[1] 恩格斯. 致玛格丽特·哈克奈斯(1888 年 4 月初)[M]//马克思，恩格斯. 马克思恩格斯选集：第四卷. 中央编译局，编译. 北京：人民出版社，2012.

[2] 厚夫. 路遥传[M]. 北京：人民文学出版社，2015.

思考题

1. 简述《平凡的世界》是如何表现农村生产体制变革的。

2. 如何理解孙少平的自我选择与“农民工进城”的历史大潮的关系？

3. 简略分析《平凡的世界》中的家庭伦理与爱情关系的特征。

（张志忠）

第六讲 赵树理的小说

20世纪40年代兴起的解放区文学，是中国现代文学的重要组成部分。赵树理以其独特的小说艺术创造，成为解放区文学的杰出代表，并对中国新文学的发展产生了深远的影响。那么，他是如何从山西农村的田野走出，从一位懵懂少年成为成就卓著的文学家？他怎样继承和改造了中国叙事文学传统和民间文化，并通过自己的“评书体”小说丰富了新文学的内容？他的作品代表了怎样一种前所未有的文学“现代性”？这些都是本讲要解答的问题。

第一节 赵树理的文学道路

赵树理既是党的作家，又是一位生长在农村、热爱农村、表现农村的农民作家，号称写农村的“铁笔圣手”，明白这一点，对理解他的文学创作很重要。

赵树理的文学道路（视频）

赵树理生于1906年，1970年去世，原名赵树礼，山西沁水尉迟村人，笔名野小、老西、常哉等。赵树理自幼在农村生活，跟随父亲学习文化。他的父亲是农村文化人，多才多艺，不仅农活手艺高超，而且非常喜爱民间艺术和地方戏“上党梆子”，是地方上有名的曲艺多面手。在父亲的影响下，赵树理深受乡村民间艺术和戏曲的熏陶，学会了打鼓板等民间乐器，对民间文艺的爱好，伴随了他的一生，民间文艺也成为他的“初级语言学校”。同时，乡村文化也有落后的一面。在赵树理的故乡，形形色色的宗教会道门多如牛毛，他的家庭也有着浓厚的迷信色彩，这也使赵树理从小对旧农民身上遗留的种种弱点有深切的体会，那些旧农民成为日后小说中最生动的人物形象来源。

1925年夏，赵树理考入山西省立长治第四师范学院，开始学写新诗和小说。但是，当他回到家乡，却发现以鲁迅为代表的新文学并不受农民的欢迎，农民们无法接受新文学的理念与形式，他们喜欢的还是民间通俗文学，也就是“地摊文学”。这给他很大的触动，他下决心做一个能够被农民喜爱、接受的“地摊文学家”,向农民传播新思想新文化。从1931年开始,赵树理创作了一些通俗文学作品,虽多散佚,但为以后的成功做了准备。1937年,赵树理加入中国共产党,投身革命;后在八路军一二九师《人民报》副刊、华北新华日报社等单位从事宣传工作,创作了《万象楼》等通俗剧本。

长期的基层工作实践,为赵树理的文艺创作提供了丰富的素材。1943年,赵树理写成短篇小说《小二黑结婚》,在解放区一举成名。接着,他又创作了《李有才板话》《李家庄的变迁》《地板》《邪不压正》等一系列脍炙人口的小说,成为毛泽东《在延安文艺座谈会上的讲话》所提出的文艺路线的典范,代表了一种新的人民文学的方向。

新中国成立后,赵树理参与了《工人日报》《说说唱唱》《曲艺》《人民文学》等刊物的工作,其间又创作了《登记》《三里湾》《锻炼锻炼》等著名小说。1959年,他受到批判,1964年回山西工作,兼任中共晋城县委副书记。“文革”期间,赵树理遭到残酷迫害,于1970年9月23日含冤去世。

终其一生,赵树理致力于思考、理解、表现历史巨变中的中国农村和农民。他以生活为写作基础,将自己作为农村社会的一员,坚持现实主义的创作手法,真实地反映中国农村发生的政治、经济、文化、伦理等各方面的深刻变化。在他身上,体现了乡土知识分子和现代革命者的双重本色。马克思曾说:“现代英国的一批杰出的小说家,他们在自己卓越的、描写生动的书籍中向世界揭示的政治和社会真理,比起一切职业政客、政论家和道德家加在一起所揭示的还要多。”[①]赵树理同样也属于这样杰出的现实主义小说家。

第二节 《小二黑结婚》导读

《小二黑结婚》来自赵树理的工作实践。1943年,赵树理到左权县工作,遇到一位老汉告状,说他的侄子岳冬至被人杀害了。岳冬至是民兵小队长,特等射手,

① 董学文:《马克思恩格斯论美学》,北京:文化艺术出版社,1983年,第81—82页。

曾经在战斗中击毙两名日军，他正在和一位女青年智英祥恋爱，村里的干部因为觊觎智英祥的美貌，心怀嫉妒，便私设公堂，将岳冬至打死，而后伪造了自杀的现场。此后，案子虽然告破了，但赵树理发现，更大的问题在于，双方家人和村里人对他们的自由恋爱都不表示同情，认为虽然打死岳冬至是犯法的，但年轻人也不应该自作主张谈婚论嫁，因此应当教训一下。这反映了当时边区存在的一个普遍问题：边区政府已经颁布了《婚姻暂行条例》，强调婚姻必须自愿，但农民仍然恪守包办婚姻的传统，将自由恋爱视为大逆不道，严重阻碍了社会进步。为了解决这个普遍存在的问题，赵树理创作了《小二黑结婚》。

赵树理

小说讲述了小二黑、小芹这对太行山农村的青年男女自由恋爱、结婚的故事。他们的恋爱首先遭到小二黑的父亲二诸葛、小芹的母亲三仙姑的强烈反对。二诸葛和三仙姑是一对非常独特的人物，小说通过“不宜栽种”和“米烂了”两个小故事来呈现人物保守迷信、装神弄鬼的性格。为了反对年轻人的婚事，二诸葛私下里给小二黑收了个童养媳；三仙姑由于贪财，逼小芹嫁给吃喝嫖赌的财主。一天夜里，小二黑和小芹正在商量终身大事时，却被早已垂涎小芹美貌的村干部金旺等捆住，借机陷害。幸得区长英明，察觉了金旺等人的陷害，逮捕了一向欺压百姓的金旺等人，并且当众教育了二诸葛和三仙姑，批准了小二黑和小芹结婚，有情人才终成眷属。

小说写出后，人们对这本小说意见不一，有人认为这不过是低级的通俗故事而已。时为中共北方局党校校长的杨献珍将这部小说推荐给彭德怀。彭德怀对《小二黑结婚》非常赞赏，为之题字：“像这种从群众调查研究中写出来的通俗故事，还不多见。”没想到，当小说由新华书店出版后，深受群众欢迎，第一版印了两万册仍供不应求，随后又在各解放区多次翻印，成为脍炙人口的名篇佳作。其后，又被上百家地方剧团改编成各种地方戏，在解放区农村广为流传。这是中国现代作家第一次打破了新文学与农民之间的隔膜，新文学走进了农民中间，赵树理因此而一举成名。1947 年美国记者贝尔登采访了赵树理,他在一篇文章中写道,赵树理“可能是共产党地区中除了毛泽东、朱德之外最出名的人了”。[①]

延安文艺界对《小二黑结婚》做出相应的反响。1946 年,周扬在文章《论赵树理的创作》中,首先指出了《小二黑结婚》的重要价值。他说:“作者是在这里讴歌自由恋爱的胜利吗?不是的!他是在讴歌新社会的胜利(只有在这种社会里,农民才能享受自由恋爱的正当权利),讴歌农民的胜利(他们开始掌握自己的命运,懂得为更好的命运斗争),讴歌农民中开明的、进步的因素对愚昧、落后、迷信等等因素的胜利,最后也最关重要,讴歌农民对封建恶霸势力的胜利。”周扬认为,赵树理是一位在成名之前就已经相当成熟的作家,是一位具有新颖独创的大众风格的人民艺术家,“赵树理同志的作品是文学创作上的一个重要收获,是毛泽东文艺思想在创作上实践的一个胜利”。[②] 这篇文章实际上将赵树理看作毛泽东《在延安文艺座谈会上的讲话》路线的一个历史呼应者,一个毛泽东文艺思想的实践者,并从此结束了文艺界对《小二黑结婚》的争议。

在小说艺术上,《小二黑结婚》具备了赵树理日后小说的一些主要艺术特征,比如:情节完整、故事性强,单线发展;借鉴使用评书中的“扣子”技巧,在大故事里套小故事,并保留故事中的种种关节来吸引读者,产生“欲知后事如何,且听下回分解”的效果,使整个叙事结构更加完整,脉络更加清晰。其中最突出的两点是:① 塑造了活灵活现的人物形象;② 表现了充满乡土气息的喜剧艺术。

先来看第一点。赵树理非常善于塑造农民形象,特别是落后农民的形象。这是因为他对这一类人非常熟悉,有深厚的生活基础,因此写起来得心应手。在《小二黑结婚》中,给人留下最深刻印象的就是二诸葛和三仙姑这两个人物。一方面,赵树理总是把描写放在叙事中,把人物描写放在矛盾冲突中,通过人物的行为和言语描写突出人物性格,很少有心理描写和静止事物描写。例如,作者通过“米烂了”这个小故事,生动表现了三仙姑好吃懒做、装神弄鬼的性格特征:

---

① 杰克·贝尔登:《中国震撼世界》,邱应觉、杨海平、胡代岗等译,北京:北京出版社,1980 年,第 109 页。

② 周扬:《论赵树理的创作》,见复旦大学中文系赵树理研究资料编辑组:《中国当代文学研究资料·赵树理专集》,福州:福建人民出版社,1981 年,第 180、191 页。

三仙姑有个女孩叫小芹。一天，金旺他爹到三仙姑那里问病，三仙姑坐在香案后唱，金旺他爹跪在香案前听。小芹那年才九岁，晌午做捞饭，把米下进锅里了，听见她娘哼哼得很中听，站在桌前听了一会，把做饭也忘了。一会，金旺他爹出去小便，三仙姑趁空子向小芹说："快去捞饭！米烂了！"这句话却不料就叫金旺他爹听见，回去就传开了。后来有些好玩笑的人，见了三仙姑就故意问别人"米烂了没有？"①

另一方面，赵树理很擅长以绰号的形式将人物的性格符号化，起到生动形象、画龙点睛的作用，读者一看到"二诸葛""三仙姑"这样的绰号，对人物的性格便有几分了解，整个小说语调也就变得妙趣横生，作品的吸引力大大增强了。

再来看第二点，充满乡土气息的喜剧艺术。这首先表现在作者"明朗隽永而时有幽默感"的文学语言，赵树理的语言来自口语，简洁而生动，接地气。他善于借鉴群众日常生活中的方言土语，使小说语言显得生动活泼、富有生活气息，他在句式的构造、用语的选择、语气的把握等方面都颇具匠心，涉笔成趣。他长于"用高尚的语言表达不道德的思想"，即大词小用，褒词贬用，以增加语言的讽喻性。在《小二黑结婚》里，三仙姑到区上一段，特别能体现他的幽默风趣的语言艺术：

刚才跑出去那个小闺女，跑到外边一宣传，说有个打官司的老婆，四十五了，擦着粉，穿着花鞋。邻近的女人们都跑来看，挤了半院，唧唧哝哝说："看看！四十五了！""看那裤腿！""看那鞋！"三仙姑半辈没有脸红过，偏这会撑不住气了，一道道热汗在脸上流。交通员领着小芹来了，故意说："看什么？人家也是个人吧，没有见过？闪开路！"一伙女人们哈哈大笑。

把小芹叫来，区长说："你问问你闺女愿意不愿意！"三仙姑只听见院里人说"四十五""穿花鞋"，羞得只顾擦汗，再也开不得口。院里的人们忽然又转了话头，都说"那是人家的闺女"，"闺女不如娘会打扮"，也有人说"听说还会下

① 赵树理：《小二黑结婚》，见《赵树理全集 1》，太原：北岳文艺出版社，2018 年，第 149 页。

神”,偏又有个知道底细的断断续续讲“米烂了”的故事,这时三仙姑恨不得一头碰死。[1]

这样带有浓郁生活气息而富有喜剧性的语言,使小说充满了幽默气氛,同时又有所讽刺,发人深省。

小说喜剧艺术的成功,还表现在大团圆的结局上。赵树理把原本现实生活中悲剧的结局改为小说中的皆大欢喜。一方面,这是对中国叙事文学传统的继承,体现了赵树理对民族文化心理和审美趣味的深刻理解。另一方面,也有其内在合理性,在小说里,社会矛盾得到了圆满的解决,在政府的支持下,新生力量战胜了保守势力,昭示了在当时的历史条件下所能找到的解决问题的最佳方法,显示了时代的理想主义和乐观主义;同时也说明了新一代农民登上历史舞台、农村社会发生巨大转变的历史必然性,预示了作为中国革命主体的农民掌握自己命运的可能性。

第三节 《李有才板话》分析

在《小二黑结婚》之后,赵树理又创作了《李有才板话》,这是他的另一篇代表作。

小说描写了山西的一个典型农村阎家山,老村长阎恒元一手遮天,大权独揽。村干部贪污腐败,营私舞弊,欺压群众,却居然骗取了“模范村”的荣誉。贫雇农李有才带领“小字辈”,以“快板”为武器,坚持同他们进行斗争。县农会主席老杨来到阎家山之后,发现了村里存在的问题。他深入群众,很快了解了村里的斗争形势,在他的领导下,“小字辈”群众被动员起来,彻底斗倒了阎恒元及其帮凶,改选了村干部,取得了斗争的胜利。

这篇小说来源于赵树理再次下乡,检查减租减息的工作。他发现了农村中普

① 赵树理:《小二黑结婚》,见《赵树理全集 1》,太原:北岳文艺出版社,2018 年,第 160 页。

遍存在的问题：农村阶级斗争形势复杂，干部中存在着官僚主义，不少村政权仍然把持在旧地主手中。如果不能克服工作中存在的官僚主义、主观主义作风，减租减息、实现贫雇农的翻身将是一句空话。因此，这也是一篇政策性、针对性很强的小说。

在这篇小说中，赵树理塑造了几个令人印象深刻的新的人物形象。首先，小说塑造了两个共产党人形象及其截然不同的工作方法，形成了鲜明的对比，很有教育意义。一个是脱离群众、夸夸其谈的章工作员，他采取的是形式主义、官僚主义的工作方法，被阎恒元牵着鼻子愚弄。另一个则是县农会主席老杨，他出身农民，对农村的实际生活十分了解，很容易与贫雇农打成一片，掌握村里的真实情况；他拒绝阎恒元的腐蚀拉拢，坚决依靠人民，深入动员群众，终于在短时间内改变了局势，使贫雇农斗倒了阎恒元一伙，将基层政权夺了回来。

在小说中，具有特殊作用的人物是李有才，这也是作品中塑造的最生动、丰满的形象。

李有才在村里是“外来户”，无儿无女，了无牵挂。他生活贫寒，住在一口破窑洞里，靠给人看果树、放牛为生。长期的底层生活，使他阅历丰富，思想深刻，对农村贫富不均、阶级压迫的真实情况有透彻的认识。他斗争经验丰富，不猥琐、卑怯，没有奴性，而是以独特的策略进行斗争。他采用风趣诙谐的语言，编写朗朗上口的快板，对村里的各种现象进行揭露和讽刺，具有很高的艺术水平，体现了机智、乐观、坚韧的性格特征，成为阎家山贫雇农的精神依托。

在小说中，李有才这个人物的存在具有多种功能。其一，具有叙事线索的功能，可以推进情节的发展；其二，李有才的板话是以口头文学的方式，保留民间的历史记忆和叙述，他则承担了行吟诗人和野史撰写者的任务。因此，小说有可能与某种程式化的“智斗型”民间故事模式构成呼应。从这个角度来看，他本质上不是阶级性人物，而是民间性人物，与刘三姐类似。

赵树理的创作，深受中国传统戏曲艺术的影响。因此，我们实际上可以将李有才视为“丑角艺术家”。赵树理并不喜欢按照人物的戏份轻重来划定人物的主次，而喜欢按照“有戏没戏”来看待角色的大小，丑角显然是非常有戏的一类角色。[①] 人们经常提到的他小说中人物主次、所占比例问题，落后人物比先进人物写得生动问题，其实都和他对人物角色的这种理解不无关系。正是在这种观念之下，他才使用了肯定性丑角的喜剧功能，把李有才这样具有民间艺人性质的诙谐正义的"丑角"，塑造成小说最重要的中心人物和"大角色"，这在现代小说中是独特的。

李有才的丑角意义不止于逗趣，他的存在暗含着对上层统治秩序的破坏力量。周扬曾经谈道，在"森严的封建社会秩序和等级面前，丑角是唯一可以自由行动，自由说话的人物……他的戏谑和反话常常是对于上层人物和现存秩序的一种隐讳而尖刻的批判，如莎士比亚戏剧里的角色"(《周扬文集》第一卷)。在中国的传统中，这种讽谏功能可以追溯到秦汉时期的俳优和弄臣，如春秋时楚庄王的宫廷艺人优孟，西汉时的东方朔。李有才夸张性的快板创作表演和本人幽默诙谐的性格，很大程度上正是延续了古代俳优的丑角传统。他的那些快板，动摇了统治者的合法性和严肃性，有助于形成挑战性的舆论力量，阎家山的问题后来正是通过这些讽刺快板才被老杨发现。统治者历来有通过采集民歌而体察民情的习惯，这种故事模式被移植到《李有才板话》中。当老杨初来时，得不到任何真实的信息，几乎所有农民都在失语状态中，正是快板承担了讽谏的功能——"模范不模范，从西往东看，西头吃烙饼，东头喝稀饭"。这四句快板立刻引起了老杨的注意，他越听越觉得有意思，这里老杨不是越来越愤怒，而是觉得有意思，就说明了丑角和笑的艺术形式与一般关于阶级仇恨的血泪控诉完全不同的效果——丑角作为民间的"笑的艺术"和核心所带来的诙谐趣味，在进入现代小说并与阶级话语相结合的同时，仍然区别于一般的现代性的阶级叙述习惯，而保留着民间传统丑角"讽谏式"的独有的表达方式。

李有才的丑角身份，虽然使之不适合成为阶级斗争的领袖，但显然，阶级斗争并不是赵树理要表达的唯一内容；赵树理一直是一个真正欣赏农民精神生活的作家，在他的文化观念里，农民的文化并不比精英文化低级。因此李有才这个政治斗争的辅助者，并不影响他在文化上的中心位置。在这个人物身上，赵树理寄托了自己的文化理想。

---

① 杨天舒：《农村舞台上的"丑角艺术家"——李有才形象的意义新解》，《中国现代文学研究丛刊》，2006年第4期。

第四节　新颖的赵树理文学

赵树理小说有着新颖而独特的艺术魅力。

在小说形式方面，他开创了评书体现代小说形式，在现实主义艺术创造上取得了重要突破。赵树理的读者群主要是广大农民，他的评书体现代小说形式完全适应了这种读者的需要。为了更容易让读者接受，赵树理积极改造和运用以说唱文学为基础的传统小说形式，融合了新文学的一些优长，形成了自己民族化、大众化的艺术风格。这突出表现在：① 扬弃了传统小说章回体的程式化框架，而汲取了其讲究情节连贯性与完整性的特点；赵树理成功地借鉴民间文艺里“讲故事”的手法，以故事套故事，巧设环扣，引人入胜，使情节既一气贯通，又起伏多变。② 将小说当通俗故事写，将情节描写及人物塑造融化在故事叙述中，保留口头性文体的特点，叙事写人都用白描手法，而且以人物自己的语言和行动来表现性格，又比一般传统小说明快、简约。③ 口语化，在艺术性与通俗性结合上达到很高的境界。以下重点讲一讲赵树理的小说语言。

语言风格是指人们运用语言所表现出来的具有系统性的特征，以综合性、重复性和标志性词语为主要特点。语言风格各式各样，有华丽的、朴实的、带都市气息的、带乡土色彩的……语言只是一种表达的工具，我们不能以个人喜好来判定文章文采的优劣，而是要具体看文章中对于人物的塑造和故事情节的构架是否成功。赵树理的语言，既摒弃了新文艺的欧化体，也剔除了通俗文艺中的弊病和旧习气，完全是一种新颖独创的文学语言——赵树理式的语言。这种小说语言熔大众化和艺术化于一炉，成功地将农民群众的口头语言提炼为准确、鲜明、生动的文学语言，具有口语化的鲜明特点，口语化特色就是顺口顺耳、活泼明快。作品中广泛运用群众口头语言，主要是针对农村读者的欣赏习惯、兴趣和爱好，即便是遣词造句、开头结尾的语言运用，也都是以农民看得懂、听得懂为原则。识字的人能看懂，不识字的人能听懂，是大众化的模范。

他对人物的行动和对话的描写特别简练、精当，还表现在词语和句式的选用方面，在词汇、语法以及语气方面都是口语化的，都是农民所熟悉和欢迎的，三言两语就可抓住读者的注意力。在语言运用上，赵树理大量提炼晋东南地区的群众用语，通俗浅近而又极富表现力，在艺术性与通俗性结合上达到很高的境界。不仅人物语言是农民的口语，而且作者的叙述语言也完全口语化了。无论讲述故事还是评论人物、事件，都使人觉得是一个农民在说话。但这又是经过提炼的，纯粹、质朴、平易，描情状物，绘影传神，都能形象逼真，生动活泼。

在《李有才板话》里，老秦怕老婆说出地押给谁了，赶忙向老婆喝道："你这老不死，不知道你那一张疯嘴该说什么！可憋不死你！你还记得啥？还记得啥？"一方面是责骂和恐吓老婆，制止她说出实情；另一方面是在暗示老杨，他老婆的话是因为老糊涂了一时乱说出来的。生动鲜活的语言表现出了老秦胆小怕事的性格，同时"老不死""可憋不死你"话语的运用也体现出当地语言的特色。作品中一些俗语的运用，如"小元说道：'你这老汉见不得事！只怕柿叶掉下来碰破你的头。'"这些老百姓常见俗语的运用，使作品散发出泥土的气息，充满着艺术魅力。

在小说创造性地反映现实生活方面，赵树理开创了"问题小说"这一新的小说类型，创造了新颖的赵树理文学。

赵树理明确说明他的作品，他自己常常叫它是"问题小说"。"就是因为我写的小说，都是我下乡工作时在工作中所碰到的问题，感到那个问题不解决会妨碍我们工作的进展，应该把它提出来。""我在做群众工作的过程中，遇到了非解决不可而又不是轻易能解决了的问题，往往就变成我要写的主题。"[①]换言之，赵树理的创作，总是有着极强的现实性；赞成什么、反对什么，总有其现实依据。因此，他的小说对现实政治工作就有很强的指导意义。《小二黑结婚》是为了推动延安解放区新婚姻法的普及工作；在整风学习、减租减息以及土地改革中，《李有才板话》成为干部必读的参考材料。抗战胜利后，为了揭露阎锡山的黑暗统治，赵树理又创作长篇小说《李家庄的变迁》。因此，赵树理的问题小说是"艺术和革命的现实政策'工作方法'，达到了极可赞许的高度的结合"。

问题小说的出现，表明以往对文学写作的理解开始发生变化：写作融入革命

---

① 黄修己：《赵树理研究资料》，北京：知识产权出版社，2010 年，第 325、47 页。

工作之中。和“五四”问题小说不一样，社会和政治的苦闷取代了个人的苦闷，写作不再是个人的事情，而是无数革命工作的一种，不能有特殊性，更不能是私人的，写作中的问题也不再是艺术世界的问题，而是革命现实世界的问题。这就是赵树理开创的革命叙事模式——从“问题式的小说”到“小说式地解决问题”。这也使得赵树理文学从一开始就是中国革命实践的一部分，从而拒绝非政治的、纯文学的解读。

第五节 赵树理的文学史意义

由于赵树理的小说符合毛泽东《在延安文艺座谈会上的讲话》所提出的大众化、民族化路线，为农民而写作，为现实问题而写作，为政治工作而写作，1946 年之后，郭沫若、周扬、茅盾这三位“文坛巨头”的权威性的评价，尤其是周扬的评价，基本确立了赵树理在文坛的地位。在这个背景下，在 1947 年 7 月 25 日召开的晋冀鲁豫解放区文艺工作座谈会上，主持文联日常工作的副理事长陈荒煤在集中大家的意见后，做了题为《向赵树理方向迈进》的总结发言，发言中说：“我们觉得，应该把赵树理同志的方向提出来，作为我们的旗帜，号召边区文艺工作者向他学习，看齐！为了更好地反映现实斗争，我们就必须更好地学习赵树理同志！大家向赵树理的方向大踏步前进吧！”这里提出了响亮的“赵树理方向”的口号。

尽管赵树理在当时获得了特殊的地位，但如何判断他在文学史上的地位和意义，却一直是个重要的问题。

(1)“赵树理方向”首先是一种文艺政策性的引导，是对当时乃至二十世纪五六十年代文学“主流”的一种阐释与倡导，关键是顺应大众化、农民化的审美追求，正好适应了当时解放区的社会变革需求，因而赵树理式的主题与文学语言形式被推崇到主流的位置。周扬当年关于赵树理是“新人”的解释，实际上是要为共产党领导下的面向大众的革命文学树一个榜样，一种努力的前景。

赵树理的创作适应了当时解放区的社会变革需求。赵树理式的主题与文学语言形式被推崇到主流的位置，“赵树理方向”的提倡对当时整个解放区文学乃至二十世纪五六十年代的文学都影响巨大。我们首先应从特定时代的要求来看这个问题，肯定其历史的合理性与特色，同时也应看到有得有失，不应轻易否定。

（2）赵树理作品的出现，是对一系列文学观念的挑战。赵树理作品的出现，代表着一种新的文学类型。二十世纪四十年代郭沫若用“自然”和“自由”概括赵树理小说的艺术特点。他说，赵树理的作品就像“一株在原野里成长起来的大树子，它根扎得很深，抽长得那么条畅，吐纳着大气和养料，那么不动声色地自然自在”。郭沫若比一般人更敏锐地发现这位“文摊”作家对新文学的意义。赵树理没有“‘五四’以来的文艺作家”的毛病；他不屑于混迹“文坛”，扎在“长袍马褂”的文人堆里讨生活；也不屑于“装腔作势”，好像不穿理论和知识的“长袍马褂”“就有点难乎为情”。总之，他没有被固有的现代“知识”方式，以及建立在这个基础上的现代知识分子的存在方式所束缚，而以自己顽强的个性开辟了“自由的环境”，使创作也“得到了自由的开展”。[①]

因此赵树理的意义，在于他对“五四”新文学的欧化传统的挑战。他的民间化和大众化，对民间文艺形式的吸收和创造性运用，使他开创了一个新的文学样式，既不同于“五四”以来的纯文学，也不同于旧的说唱性的章回体通俗小说，而是一种全新的文学，促进了纯文学和通俗文学的融合，创造了一种新的文学风格和文学秩序。这也会促使我们对以“五四”为本位的启蒙文学史观进行某种反思。

日本学者小野忍认为，当我们将“朴素”用作贬义词的时候，并不能真正理解赵树理文学，“这样的看法是把过去的文学，特别是西欧近代文学绝对重视的文学观，作为唯一的尺度来衡量文学作品而来的”，在这里，在以西欧文学和“五四”文学为正统的价值视野里，赵树理文学的独特性被长期地遮蔽了。小野忍认为，即使是在喜闻乐见这个层面上说明赵树理的通俗性，也无法否认赵树理文学具有划时代的意义，他借用鲁迅当年的话，“通俗文学”与“文学的伟大”并不矛盾，赵树理文学的历史意义就在于“展示了摆脱西欧近代文学的方向”。[②]

---

① 董之林：《关于“十七年”文学研究的历史反思——以赵树理小说为例》，《中国社会科学》，2006年第4期。

② 席扬：《文学思潮：理论、方法、视野——兼论20世纪中国文学思潮若干问题》，上海：上海三联书店，2009年，第293页。

比如，有些评论者就认为，赵树理的小说是低级的通俗故事，认为小说不等于讲故事，赵树理这样以讲故事见长的小说是更低级的、前现代的。问题在于，经过了 20 世纪 80 年代关于小说是不是要讲故事的争论，有人说，传统小说读故事，新潮小说读句式，然而我们发现，今天的中国小说又从先锋小说回到了讲故事的路上，新潮小说式微了，传统小说还活着，而且擅长讲故事的莫言还得了诺贝尔奖。这不能不说，有着悠久的叙事传统的中国小说，与注重个人心理表现的西方小说，有着巨大的不同。将赵树理的小说放在这一传统当中，他的意义就呈现出来了，他实际上是在对故事内容进行时代性的转变的同时，继承了传统中国通俗文学的叙事传统，并使之具备了现代的生存能力。在一定意义上，由于受西方小说观念的影响，我们对为什么要讲故事，以及怎样讲好故事的理论认识还远远不够。

我们刚才讲了赵树理笔下人物的白描化和漫画化，这其实也是中国叙事文学的悠久传统，从《史记》和《三国志》开始就有着突出的表现。从西方小说的传统来看，这是一种缺陷，有论者认为由于过分关注和贴近问题，赵树理的小说人物性格往往缺少发展变化。但这恰恰反映出在中国民间叙事传统中人物彼此之间的矛盾和关系，人物的外在性和表演性，比人物内心的建构更重要，反映出中国叙事传统与口头文学之间的特殊联系。这一点不应视为原始的缺陷，而应视为一种特点；同时，与传统叙事文学温柔敦厚的道德教化作用也有关系，它的说教性要求人物的符号化和鲜明性，进而使读者在娱乐中获得教益，从而唤醒和保持小说的社会作用。同时，它或许与汉字的具象性、表意性也有关系，强调听觉和视觉的满足的需要。这恰恰是被纯文学史观、形式主义和审美主义批评所忽视遮蔽的。

因此，赵树理在中国现当代文学史上的意义或许就在于，他得益于传统民间叙事艺术、启蒙主义、“五四”新小说、革命文艺等诸多彼此冲突的文学传统，他与这些传统都有关系，但又没有成为其中任何一种的俘虏，不能被归入其中任何一类，而是与这些话语保持着张力，形成了一种以民族、阶级革命中的农村社会为物质基础的新叙事传统，并持续影响着当代中国文学生活。赵树理的出现，赋予了中国现代文学一种前所未有的“现代性”，这也就是竹内好所说的：“赵树理的文学中，既包含了现代文学，同时又超越了现代文学，至少是有这种可能性。这也就是赵树理的新颖性。”这对于我们如何理解中国小说，如何理解现实主义，如何理解文学与政治的关系等重大问题，都有非常重要的意义。

参考文献

［1］ 黄修己. 赵树理研究资料［M］. 北京：知识产权出版社，2010.

［2］ 戴光中. 赵树理传［M］. 北京：北京十月文艺出版社，1996.

［3］ 贺桂梅. 赵树理文学与乡土中国现代性［M］. 太原：北岳文艺出版社，2016.

［4］ 旷新年. 赵树理的文学史意义［J］. 文艺理论与批评，2004(3).

［5］ 董之林. 关于“十七年”文学研究的历史反思——以赵树理小说为例［J］. 中国社会科学，2006(4).

［6］ 杨天舒. 农村舞台上的“丑角艺术家”——李有才形象的意义新解［J］. 中国现代文学研究丛刊，2006(4).

思考题

1. 试述《小二黑结婚》中表现出来的喜剧艺术手法。

2. 试论述赵树理的评书体现代小说形式特征。

3. 如何理解赵树理的文学史意义？

（孟庆澍）

第七讲 艾青的诗歌

第一节

艾青的生平与创作

第二节

艾青诗歌的意象与主题

第三节

艾青诗歌的“散文美”与节奏

艾青在中国现当代诗歌历史上享有很高的声誉，被誉为“民族诗人”。那么，他为什么享有如此崇高的声誉？他有哪些被传诵的诗歌作品？他的诗歌有什么样的特点？这是本讲所要陈述的主要内容。

第一节 艾青的生平与创作

艾 青

1910 年 3 月 27 日，艾青出生在浙江金华畈田蒋村的一个地主家庭，出生后家里给他取名蒋正涵，并且还取了个号——“海澄”。因为被算命先生测为克父克母的“克星”，他生下后不久就被寄养在一位贫苦农妇家里。这是艾青早年的经历中，对他今后人生和诗歌创作产生了很大影响的几件事情之一。他被寄养在这位农妇家里直到 5 岁，这位农妇名叫“大叶荷”，后来艾青的成名作《大堰河——我的保姆》写的就是她，艾青在诗歌中表达了他的赞美与感激之情。当然，这么小就寄居在别人家里，也对艾青的心理和诗歌创作中的情绪有着不小的影响。

另一件对艾青产生影响的事情，是他 18 岁时考入国立艺术院（现为中国美术学院）学习美术，这可以说是艾青的专业，这个专业对于艾青诗歌特点的形成和艾青诗歌创作角度的启发，是有影响的。比如艾青诗歌中非常丰富、鲜明的色彩，显然与他所学的美术专业是分不开的。顺便提一下，中国现当代诗歌史上，有好几位诗人是学美术出身的（比如闻一多、李金发），这种所学专业和诗歌创作之间的关系，是值得探究的。

还有一件事情，艾青在进入国立艺术院后的第二年，就与几位同学一起前往法国巴黎留学，时间长达三年。在这三年中，艾青除了继续学习自己的专业，更多地感受到了巴黎的文学艺术氛围。当时巴黎的文学界特别是诗歌界，仍然处在象征主义潮流的影响之下，法国象征主义诗歌以波德莱尔为先驱，经过几代诗人的倡导与推动，形成了世界性的辐射力。艾青身处其中、耳濡目染，难免会深受象征主义之风的熏陶。例如，学雕塑的李金发早些时候也是留学巴黎，也是受到了象征主义诗风的熏染而开始创作诗歌的，并引领了中国早期象征主义诗歌；稍后则有戴望舒，也是去巴黎留学，同样深受象征主义诗歌的影响，成为中国现代派诗歌的领军人物。艾青早期的诗歌明显地带有象征主义影响的印迹，这种影响长时间潜在地作用于艾青后来的诗歌创作，即使他那些现实主义色彩强烈的诗篇，也有象征主义诗歌技法的底子，这也是他的诗歌在众多现实主义诗歌中显得独特的地方。

值得注意的是，1932 年艾青回国后不久，就加入了“中国左翼美术家联盟”，参加了一些革命文艺活动，结果被捕入狱，在监狱里待了三年。这个经历对艾青而言是一次磨砺，他就是在监狱里创作了成名作《大堰河——我的保姆》，并且也是在监狱里积蓄了浓郁的诗情，出狱后第二年就出版了他的第一部诗集《大堰河》。在后来的岁月中，艾青颠沛流离、历经坎坷，先后去往上海、武汉、广西、湖南、重庆等地工作，1941 年到达延安。这些流离各地的生活异常艰苦，却也开阔了他的视野，同时为他的诗歌创作积累了丰富的素材。

艾青的文学创作时间长达六十余年。一般以新中国成立为界，把艾青的诗歌创作分为新中国成立前和新中国成立后两个大的阶段，他的诗风在 20 世纪 30 年代中期即已趋于成熟；新中国成立后又经历了近二十年的“流放期”、写作中断期和 1976 年后重拾诗笔的“归来期”。在漫长的创作生涯中，艾青著述丰硕，先后出版了《大堰河》《北方》《向太阳》《旷野》《黎明的通知》《献给乡村的诗》《归来的歌》《雪莲》《诗论》等十多部诗集和文论集，有五卷本《艾青全集》行世。

第二节　艾青诗歌的意象与主题

艾青诗歌的意象与主题（视频）

著名诗人、理论家胡风曾将艾青称为“吹芦笛的诗人”。在纪念法国诗人阿波利奈尔的诗作《芦笛》一诗中，艾青追忆了他从“欧罗巴”带回的那支芦笛。这里“芦笛”具有双重隐喻意义：一个是指艾青诗歌艺术的一个来源，即从“欧罗巴”特别是法国象征主义那里借鉴了技巧；另一个就是指诗歌创作本身，诗人要吹奏手中的芦笛，表达对美好的向往和讴歌，对丑恶的憎恶和诅咒。艾青终其一生，确实用芦笛一样的诗笔，践行着他作为诗人的责任与使命。

虽然艾青早在20世纪30年代初期就在《现代》等重要刊物发表诗歌作品，并以《大堰河——我的保姆》一举成名，但他的诗歌产生广泛影响，还是在全面抗战爆发前后，他出版了诗集《大堰河》，并创作了《太阳》《复活的土地》《雪落在中国的土地上》《北方》《向太阳》等诗作之后。

艾青在青年时代居无定所，流徙于各地，正是这种状态让他有机会目睹不同地方人民的苦难与不幸，他眼见大路上奔走着饥馑而不幸的人们，内心焦灼万分，诗情澎湃，这些情景和感受被他写进了《乞丐》《手推车》《旷野》等诗篇中。不过，倘若要理解艾青诗歌的特点，除了应该联系上面提到的诗人的坎坷经历，更要结合艾青所处的时代。

艾青所处的时代正值中华民族面临内忧外患的生死关头。全面抗战爆发后，一场深重的民族灾难更是席卷全国，牵扯着每个中国人的心。面对这场关乎民族存亡的灾难，诗人们纷纷以各种形式的创作，抒发了强烈的爱国热情。不过，实事求是地说，一些诗人的作品并不能够打动人，为什么呢？可能是由于他们的爱国热情过于高涨，淹没了作品需要表现的感情，也可能是由于他们表达自己感情的方式过于直接，缺乏直击人心的力量。在这些书写民族灾难的作品中，艾青的诗歌以其独特的品质脱颖而出，迅速引起读者的关注。艾青成为苦难时代的真正歌吟者和代言人，艾青的诗歌也成为那个时代苦难的真实写照和民族忧患之情的真切抒发。

艾青自己就说：“我们已临到了可以接受诗人们的最大的创作雄心的时代了。我们的时代，已能担带那能庄严地审判它的最高的才智了……这伟大而独特的时代，正在期待着，剔选着属于它自己的伟大而独特的诗人……属于这伟大而独特的时代的诗人，必须以最大的宽度献身给时代，领受每个日子的苦难像是那些传教士之领受迫害一样的自然，以自己诚挚的心沉浸在万人的悲欢、憎爱与愿望当中。”为此他向时代的诗人发出呼吁：“诗人能忠实于自己所生活的时代是应该的。最伟大的诗人，永远是他所生活的时代的最忠实的代言人；最高的艺术品永远是产生它的时代的情感、风尚、趣味等等之最真实的记录。”①

那么，艾青诗歌赢得读者认同的奥秘是什么？哪些品质能够体现艾青诗歌的独特性？其中首要的一点，就是艾青善于运用生动鲜明的形象抒发自己真挚深沉的感情，具体来说就是在诗中大量地使用意象。意象的存在，很大程度上避免了诗歌表达的浮泛与空洞，而使诗句变得结实饱满、真切可感，从而使得诗歌能够很好地引起读者的共鸣，富于感染力。

在众多意象中，艾青使用最多的则是土地和太阳，这两个意象也构成了他诗歌中的核心意象。他的诗歌，有不少标题就用了土地和太阳，如《复活的土地》《雪落在中国的土地上》《我爱这土地》《我们的田地》《土地》和《太阳》《向太阳》《给太阳》《太阳的话》等，诗句中出现这两个意象的频率也非常高。

艾青诗歌中的土地意象和太阳意象分别意味着什么？隐含了什么样的主题？表现了艾青本人怎样的思想和情感？

在艾青诗歌中，土地意象具有广博而深刻的内涵。我们先来读艾青的一首名作《我爱这土地》：

假如我是一只鸟，
我也应该用嘶哑的喉咙歌唱：
这被暴风雨所打击着的土地，
这永远汹涌着我们的悲愤的河流，
这无止息地吹刮着的激怒的风，
和那来自林间的无比温柔的黎明……
——然后我死了，
连羽毛也腐烂在土地里面。

为什么我的眼里常含泪水？

① 艾青：《诗与时代》，见《诗论》，北京：生活·读书·新知三联书店，2014年，第116、120页。

因为我对这土地爱得深沉……[1]

这是一首只有十行的小诗，虽然篇幅短小，但意蕴十分充沛，值得细细探究。这首诗，以虚拟的鸟的视角和口吻，抒写了对土地的毫无保留的爱。起句“假如我是一只鸟”，显示了一只鸟的形象和视角，具有统摄全诗的作用。这个比拟性的鸟的形象很重要，它可以与“歌唱”联系起来，这实际上象征着一个诗人的形象，诗人的抒情就像鸟的歌唱一样，是一种天职。“假如”这一虚设的语气，表达的是诗人的一种理想；“用嘶哑的喉咙”则渲染了“歌唱”的尽情与诚挚。接下来的四句诗，用颇有气势的排比句式展现了所歌唱的对象——“土地”“河流”“风”和“黎明”。我们需要体悟这四种对象前面的修饰语：“被暴风雨所打击着的”“土地”，“永远汹涌着我们的悲愤的”“河流”，“无止息地吹刮着的激怒的”“风”，“来自林间的无比温柔的”“黎明”。这四种经过形象化描述的事物，显然与那种平铺直叙给人的感觉，在效果上是很不一样的，其间凝结着深沉的苦难、激昂的悲愤和无限的憧憬，让人感受到语句间隐含的极大的震撼力。请留意这四句诗用了省略号（……），表明可以歌唱的事物还有很多很多。接下来用了一个破折号（——），语气忽然一转，由上面的四个长句式带来的紧张感，变得有所缓和，“然后我死了”仍然是在假设的视角之内，“然后”这个词，连同它前面的破折号，在句法功能和意味上具有多个面向：承接、转折、递进。“然后我死了，/连羽毛也腐烂在土地里面”，就将歌唱的用心、动情推向了极致。这样，诗的第二节这两句“为什么我的眼里常含泪水？/因为我对这土地爱得深沉”，就显得不那么突兀，而是对前面诗句中蕴积的情绪的一种深化，也是全诗情感的一次升华。最后这种对土地的爱的表达尽管是直白的，但由于有了前面富有形象感的铺垫，其仍然是充分、有力的。结尾再次用了省略号，给人意犹未尽、回味绵绵之感。

这首小诗虽然仅有十行，其层次却极为丰富：首先是第一节的八行和第二节的两行之间，形成了全诗的一个大的层次，构成了铺垫、酝酿与升华的关系；其次是在第一节的八行中，正如我们刚才分析的，前六行和后面的两行之间，又形成了一

[1] 艾青：《我爱这土地》，见《艾青诗选》，北京：人民文学出版社，1997年，第153页。

个小一点的层次，构成了承接、转折、递进兼而有之的关系；最后是在第一节的前六行里面，头两行和随后的四行之间，又形成了一个更小的层次，是由冒号（：）连接而成的提示、顺承的关系。分析到这儿，我们不由得惊叹：这首小诗，竟然有着如此丰富的层次和如此深邃的内蕴、如此饱满的情绪！

从《我爱这土地》可以看出，在艾青诗歌的土地意象里面，寄寓着他对土地的深深的眷恋，而从“土地”延伸开去则又包含了土地上的人民、民族、祖国等元素，诗人对饱含苦难的土地的爱，就是对处于灾难中的人民、民族、祖国的深切同情、忧思与挚爱。而如果我们的思路再打开一些，联系艾青所学的美术专业和他对色彩的敏感，我们会发现艾青诗歌中的土地意象在色调上偏于灰暗，多为黄色、褐色等土地的原色。这种色调象征着土地及土地上的人民、民族、祖国所遭受的深重灾难，同时也喻示着诗人对这种苦难的痛楚之感，和他深沉的眷恋土地的情绪。

如果说艾青诗歌中的土地意象蕴含着对民族苦难的担当，那么他诗歌中的太阳意象呢？我们来读他的一首写太阳的短诗《太阳》：

从远古的墓茔
从黑暗的年代
从人类死亡之流的那边
震惊沉睡的山脉
若火轮飞旋于沙丘之上
太阳向我滚来……

它以难遮掩的光芒
使生命呼吸
使高树繁枝向它舞蹈
使河流带着狂歌奔向它去

当它来时，我听见
冬蛰的虫蛹转动于地下

群众在旷场上高声说话
城市从远方
用电力与钢铁召唤它

于是我的心胸
被火焰之手撕开
陈腐的灵魂
搁弃在河畔
我乃有对于人类再生之确信①

这首诗第一节以直观的方式描绘了太阳冲破黑暗、“飞旋于沙丘之上”的情状，随后的两节展示了太阳带给世间万物、生命的勃勃生机，最后一节刻写了太阳对“我”的心灵造成的巨大震撼。全诗以太阳为核心意象展开，每一节又辅以不同的意象群，共同展现了太阳与人类息息相关的紧密关系。这首诗给人印象最深的应当是“太阳向我滚来”这句，一个“滚”字极富动感，彰显了太阳的恢宏气势。据说闻一多先生曾建议将“太阳向我滚来”改为“我向太阳奔去”，其实不太妥当，因为那样的话，诗的力量就弱了。

我们再来看艾青的长诗《向太阳》中的一章《太阳之歌》：

是的
太阳比一切都美丽
比处女
比含露的花朵
比白雪
比蓝的海水

① 艾青：《太阳》，见《艾青诗选》，北京：人民文学出版社 1997 年版，第 96—97 页。

太阳是金红色的圆体
是发光的圆体
是在扩大着的圆体

惠特曼
从太阳得到启示
用海洋一样开阔的胸襟
写出海洋一样开阔的诗篇

凡谷
从太阳得到启示
用燃烧的笔
蘸着燃烧的颜色
画着农夫耕犁大地
画着向日葵

邓肯
从太阳得到启示
用崇高的姿态
披示给我们以自然的旋律

太阳
它更高了
它更亮了
它红得像血

太阳
它使我想起　法兰西　美利坚的革命

想起　博爱　平等　自由
想起　德谟克拉西
想起　《马赛曲》《国际歌》
想起　华盛顿　列宁　孙逸仙
　　　和一切把人类从苦难里拯救出来的
　　　人物的名字

是的
太阳是美的
且是永生的①

长诗《向太阳》由九章组成，包括《我起来》《街上》《昨天》《日出》《太阳之歌》《太阳照在》《在太阳下》《今天》《我向太阳》，全诗如对一个跋涉者的心路历程的记录与展示，其中贯串着一条精神主线：太阳的照耀和激励。《太阳之歌》这一章把太阳与人类文明历史上一些重要开拓者和重大事件勾连起来，显示了太阳的创造性与人类文明创造的相得益彰。

通过以上诗例分析，我们发现艾青诗歌中的太阳意象是与生命、理想、光明等主题联系在一起的，太阳意象寄寓着诗人对理想的追寻、对光明的渴望，也传达了诗人在民族危难之际，对人民康泰、国家强盛的祈愿与祝福。而从色调上看，那些描写太阳的诗篇也偏于敞亮、温暖，炽热的光线中蕴含着生命的顽强意志和积极向上的情绪。这也能够说明，为何艾青虽然在诗歌中不时流露出低回的意绪，但总是发出含泪的礼赞，那是因为他受到了太阳的鼓舞。

第三节　艾青诗歌的“散文美”与节奏

艾青的诗歌不仅在主题上对二十世纪三四十年代的诗歌有重大拓展——那些

① 艾青：《太阳之歌》，见《艾青诗选》，北京：人民文学出版社，1997年，第136—137页。

承载了土地的厚重，浸润了太阳的光芒的诗篇，以个人的痛切之感回应并传达时代苦难的深重，通过隐忍一己之悲而吟出对人民、民族、祖国的祝福，而且在诗歌艺术上取得了很高的成就，极大地推进了中国现代诗歌艺术的发展。

艾青的诗歌延续并发展了“五四”以来的自由体诗。我们知道，自从“五四”时期胡适倡导“诗体大解放”起，自由体就成为中国现代诗歌的主要诗体。按照胡适的设想，解放了诗体之后，中国诗歌就从古典诗歌形式的“枷锁”中挣脱出来，自由不拘地创造与发展。自由体诗的一个重要特征是不受格律约束、没有固定的格式，诗的每节行数、每行字数不再整齐划一，这样的写法虽然不免矫枉过正，却有效地激发了中国诗歌的活力。自由体诗经过郭沫若、戴望舒等诗人的大力实践，已经有了很好的发展，而到了艾青这里又有了大的飞跃。可以说，正是在艾青这里，自由体诗开始趋于成熟。

艾青指出，自由体诗是“新世界的产物”，“受格律的制约少，表达思想感情比较方便，容量比较大——更能适应激烈动荡、瞬息万变的时代”。基于对自由体诗的透彻理解和大量的创作实践，艾青提出了他的“诗的散文美”的见解，力图以此建立一种关于自由体诗的美学。

艾青认为：“自从我们发现了韵文的虚伪，发现了韵文的人工气，发现了韵文的雕琢，我们就敌视了它；而当我们熟视了散文的不修饰的美，不经过脂粉的涂抹的颜色，充满了生的气息的健康，它就肉体地诱惑了我们。”“散文的自由性，给文学的形象以表现的便利；而那种洗练的散文，崇高的散文，健康的或是柔美的散文之被用于诗人者，就因为它们是形象之表达的最完善的工具。”①

在艾青看来，“散文美”是自由体诗在形态上的具体表现，它并不等同于“散文化”。这是由现代汉语的特性所决定的，因为现代汉语相对于古典汉语（文言）而言，在词汇、句法、语法等方面发生了很大变化，已经没有了文言的简约、凝练、含蓄等天然的诗化特性，变得松弛、散漫，很不利于诗歌创作，要进行诗歌创作的话就需要锤炼语言。艾青后来解释说，他提出“诗的散文美”的目的是去除那种矫揉造作的形式作风，让诗歌语言回归到自然、质朴的品格上来，保持一种口语的鲜活。他的“诗的散文

① 艾青：《诗的散文美》，见《诗论》，北京：生活·读书·新知三联书店，2014 年，第 99、101 页。

美”是与他对诗歌中形象的追求、意象的运用联系在一起的，他的《大堰河——我的保姆》《向太阳》等就是典型的自由体诗，也是能够充分体现“诗的散文美”的典范之作。下面我们再来读一首他的《吹号者》，以便更好地领会他所说的“诗的散文美”：

在那些蜷卧在铺散着稻草的地面上的
　困倦的人群里，
在那些穿着灰布衣服的污秽的人群里，
他最先醒来——
他醒来显得如此突兀
每天都好像被惊醒似的，
是的，他是被惊醒的，
惊醒他的
是黎明所乘的车辆的轮子
滚在天边的声音。

他睁开了眼睛，
在通宵不熄的微弱的灯光里
他看见了那挂在身边的号角，
他困惑地凝视着它
好像那些刚从睡眠中醒来
第一眼就看见自己心爱的恋人的人
一样欢喜——
在生活注定给他的日子当中
他不能不爱他的号角；

号角是美的——
它的通身
发着健康的光彩，

它的颈上
结着绯红的流苏。

吹号者从铺散着稻草的地面上起来了，
他不埋怨自己是睡在如此潮湿的泥地上，
他轻捷地绑好了裹腿，
他用冰冷的水洗过了脸，
他看着那些发出困乏的鼾声的同伴，
于是他伸手携去了他的号角；

门外依然是一片黝黑，
黎明没有到来，
那惊醒他的
是他自己对于黎明的
过于殷切的想望。
他走上了山坡，
在那山坡上伫立了很久，
终于他看见这每天都显现的奇迹：
黑夜收敛起她那神秘的帷幔，
群星倦了，一颗颗地散去……
黎明——这时间的新嫁娘啊
乘上有金色轮子的车辆
从天的那边到来……
我们的世界为了迎接她，
已在东方张挂了万丈的曙光……
看，
天地间在举行着最隆重的典礼……①

① 艾青：《吹号者》，见《艾青诗选》，北京：人民文学出版社，1997 年，第 166—168 页。

诗人牛汉说，《吹号者》“为我们在中国历史的广场上塑立了一个吹号者和浸濡着血迹的铜号的形象，让我们在今天仍然能清晰地听到那曾经唤醒了一个民族并激励这个民族奋勇前进的号声”。[①] 艾青自己则说，“吹号者”隐喻着诗人，是“一个对于‘诗人’的太理想化了的注解”。确实，同艾青的很多诗篇一样，《吹号者》这首长诗也是一曲赞歌，它赞美了一个民族向前奋进的信念的庄严与神圣。这首诗在形式上体现了自由体诗的一些特点：没有押韵，长短不一的句式，自然的口语化的调子。全诗情景交融，有很强的画面感，抒情中暗含着叙述，其情绪基调与句子节奏似乎同号声的音色相一致，时而舒缓如号声的婉转、悠扬，时而峻急如号声的短促、急切，文字则显示了别有韵致的散文之美。

诗人穆旦认为：艾青的“诗里充满着辽阔的阳光和温暖，和生命的诱惑”，从《吹号者》一诗中“可以觉出情绪与意象的健美的糅合”。“让我们像平日说话一样地念出他的诗来吧，有谁不感到那里面单纯的，生动的，自然的节奏美么?”[②]这就涉及艾青诗歌的另一特点：自由体外形下的内在节奏。

按照艾青的看法，自由体诗是无须讲求传统格律的，也就是不必包含整饬的音节和韵脚，但可以有韵律，“这种韵律，在‘自由诗’里，偏重整首诗内在的旋律和节奏”。这与诗人戴望舒的观点有相通之处，戴望舒曾说：“诗的韵律不在字的抑扬顿挫上，而在诗的情绪的抑扬顿挫上，即在诗情的程度上。”艾青的诗歌重视的就是随着诗中情绪起伏波动而形成的内在节奏和旋律，比如这首《雪落在中国的土地上》：

> 雪落在中国的土地上，
> 寒冷在封锁着中国呀……
>
> 风，
> 像一个太悲哀了的老妇，

---

① 牛汉、郭宝臣：《艾青名作欣赏》，北京：中国和平出版社，2002 年，第 195—196 页。

② 穆旦：《穆旦代表作》，北京：华夏出版社，1999 年，第 156、160 页。

紧紧地跟随着
伸出寒冷的指爪
拉扯着行人的衣襟，
用着像土地一样古老的话
一刻也不停地絮聒着……

那丛林间出现的，
赶着马车的
你中国的农夫
戴着皮帽
冒着大雪
你要到哪儿去呢？

告诉你
我也是农人的后裔——
由于你们的
刻满了痛苦的皱纹的脸
我能如此深深地
知道了
生活在草原上的人们的
岁月的艰辛。

而我
也并不比你们快乐啊
——躺在时间的河流上
苦难的浪涛
曾经几次把我吞没而又卷起——
流浪与监禁

已失去了我的青春的
最可贵的日子,
我的生命
也像你们的生命
一样的憔悴呀

雪落在中国的土地上,
寒冷在封锁着中国呀……

沿着雪夜的河流,
一盏小油灯在徐缓地移行,
那破烂的乌篷船里
映着灯光,垂着头
坐着的是谁呀?

——啊,你
蓬发垢面的少妇,
是不是
你的家
——那幸福与温暖的巢穴——
已被暴戾的敌人
烧毁了么?
是不是
也像这样的夜间,
失去了男人的保护,
在死亡的恐怖里
你已经受尽敌人刺刀的戏弄?

咳，就在如此寒冷的今夜，
无数的
我们的年老的母亲，
都蜷伏在不是自己的家里，
就像异邦人
不知明天的车轮
要滚上怎样的路程……
——而且
中国的路
是如此的崎岖
是如此的泥泞呀。

雪落在中国的土地上，
寒冷在封锁着中国呀……

透过雪夜的草原
那些被烽火所啮啃着的地域，
无数的，土地的垦殖者
失去了他们所饲养的家畜
失去了他们肥沃的田地
拥挤在
生活的绝望的污巷里：
饥馑的大地
朝向阴暗的天
伸出乞援的
颤抖着的两臂。

中国的苦痛与灾难

像这雪夜一样广阔而又漫长呀！

雪落在中国的土地上，
寒冷在封锁着中国呀……

中国，
我的在没有灯光的晚上
所写的无力的诗句
能给你些许的温暖么？①

这是一首蕴含了沉郁情绪和广阔意境的诗作，诗人将自己的悲切与满目疮痍造成的苦难感融合在一起。全诗回荡着这两句“雪落在中国的土地上，/寒冷在封锁着中国呀……”交织而成的旋律，这两句在诗中出现了四次，具有一种回旋呼应的效果，起到烘托、渲染和连缀“主旋律”的作用。诗的开头就出现这两句，奠定了全诗的基调，为之铺上了一层沉浑、忧郁的底色，其中“雪”“寒冷”“封锁”折射的是一种冷峻、压抑的意绪，诗中后来的段落有不少意象和情境指向了这一意绪，因而这两句构成了贯串全诗的线索性旋律。值得注意的是这首诗的句式：一方面，诗中有不少“跨行”，显示了一种克制、收缩的笔法，由此产生的参差句式，显得张弛有度，摇曳多姿；另一方面，诗中有较多散文化的长句，及“呀”“呢”“么”等句尾虚词的运用，应和着一声声悠长、深沉的喟叹，在表面的散文化句式和内在主题旋律之间，形成了一种巨大的张力，散发出强烈的感染力。还有一点，诗中“你”“你们”与“我”等人称的使用，形成了一种对话关系，具有较强的抒情意味，能够很好地传达诗人的情绪。此外，诗中的一些意象或画面，如“映着灯光，垂着头”“蓬发垢面的少妇”“饥馑的大地/朝向阴暗的天/伸出乞援的/颤抖着的两臂”等，呈现出精细的刻绘的特征，强化了全诗情绪的凝重感。

① 艾青：《雪落在中国的土地上》，见《艾青诗选》，北京：人民文学出版社，1997年，第118—121页。

艾青是一位在主题、诗艺等方面具有高度综合性的诗人，他的诗歌特别是那些完成于二十世纪三四十年代的作品，是一个时代精神的真实写照。在诗歌中，艾青始终将对个人命运的书写置于对现实、时代洪流的观照中，使自己的创作时刻保持着与人民、民族、祖国的血肉联系。因而，他的诗歌融会了深沉的情感、博大的襟怀和开阔的视野，显示出持久的生命力和感人的力量，是中国现代诗歌臻于成熟的标志。

参考文献

[1] 艾青. 艾青诗选[M]. 北京：人民文学出版社，1997.

[2] 艾青. 艾青全集[M]. 石家庄：花山文艺出版社，1991.

[3] 牛汉，郭宝臣. 艾青名作欣赏[M]. 北京：中国和平出版社，2002.

[4] 骆寒超. 艾青论[M]. 杭州：浙江人民出版社，1982.

[5] 程光炜. 艾青传[M]. 北京：北京十月文艺出版社，1999.

[6] 周红兴. 艾青研究与访问记[M]. 北京：文化艺术出版社，1991.

[7] 海涛，金汉. 艾青专集[M]. 南京：江苏人民出版社，1982.

思考题

1. 谈谈对艾青诗歌创作产生影响的几种因素。

2. 艾青诗歌中的核心意象是什么？分别有什么样的主题内涵？

3. 如何理解艾青提出的“诗的散文美”？

4. 举例说明艾青诗歌的内在节奏的特点。

（张桃洲）

第八讲 萧红《小城三月》

第一节

翠姨：大雪、马车、坟

第二节

现代小说家的伤春文学

第三节

关于“小城”的两个“尾声”

萧红，这位 31 岁即不幸去世的民国时期女作家，现在已经成为中国现代文学的著名作家了。她生于清朝最后那一年，即辛亥年，逝于太平洋战争爆发后的 1942 年年初，那时候，她正在与她的故乡黑龙江呼兰小城远隔万里的香港。

作为一位从东北沦陷区流亡到关内的年轻作家，萧红最初在文坛引起关注的是小说《生死场》，写的是一个东北小村庄，那里的人们与那里的动物一样，“忙着生忙着死”，直到日本侵略者到来，“年轮转动”，人们的生活和精神发生了变化。此后，萧红还写了不少散文、小说，具有代表性的如《牛车上》《商市街》《旷野的呼喊》《回忆鲁迅先生》《呼兰河传》《马伯乐》等。本讲要赏析的中篇小说《小城三月》，写于 1941 年的香港，是萧红最后一篇作品。

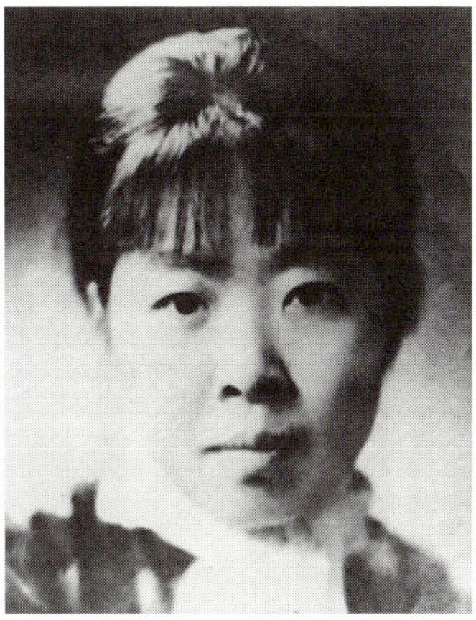

萧 红

第一节 翠姨：大雪、马车、坟

小说《小城三月》一共有五节，再加一个“尾声”。

第一节，小说开头部分写得很美，很舒畅，语气略有点散漫，句子读起来有点漫不经心的，就像小说中描写的春天一样，这儿点染一下，那儿点染一下，然后呼啦一下子，春天扑面而来：

> 三月的原野已经绿了，像地衣那样绿，透出在这里，那里。郊原上的草，是必须转折了好几个弯儿才能钻出地面的，草儿头上还顶着那胀破了种粒的壳，发出一寸多高的芽子，欣幸地钻出了土皮。放牛的孩子，在掀起了墙脚片下

面的瓦片时，找到了一片草芽了，孩子们到家里告诉妈妈，说：“今天草芽出土了！”妈妈惊喜地说：“那一定是向阳的地方！”抢根菜的白色的圆石似的籽儿在地上滚着，野孩子一升一斗地在拾。蒲公英发芽了，羊咩咩地叫，乌鸦绕着杨树林子飞。天气一天暖似一天，日子一寸一寸的都有意思。杨花满天照地飞，像棉花似的。人们出门都是用手捉着，杨花挂着他了。草和牛粪都横在道上，放散着强烈的气味。远远的有用石子打船的声音，空空……的大响传来。

河冰发了，冰块顶着冰块，苦闷地又奔放地向下流。乌鸦站在冰块上寻觅小鱼吃，或者是还在冬眠的青蛙。

天气突然的热起来，说是“二八月，小阳春”，自然冷天气还是要来的，但是这几天可热了。春天带着强烈的呼唤从这头走到那头……

小城里被杨花给装满了，在榆树还没变黄之前，大街小巷到处飞着，像纷纷落下的雪块……

春来了。人人像久久等待着一个大暴动，今天夜里就要举行，人人带着犯罪的心情，想参加到解放的尝试……春吹到每个人的心坎，带着呼唤，带着蛊惑……①

写了这么一大段三月的风景，小说紧接着是一个看似很突兀的句子：“我有一个姨，和我的堂哥哥大概是恋爱了。”这个句子在笔者读来，非常好，就是因为它有点突兀，与上文大篇幅地描写春天、很抒情地描写春天带来的那种愉悦感和轻松感相比，这个朴素的句子有种“硬”的质地，你正陶醉在春天的美妙感受里，猛然读到这个句子，会感觉仿佛一怔，意识到有什么事要发生了，小说从这儿开始，要讲一个跟三月春天有关的恋爱故事了，然而似乎，这个故事并不像三月那么温柔美妙。同时，这个句子也让读者的阅读感受重新进行了调整，将重点从“春天”转移到了“翠姨”。下文就集中描写了翠姨这个年轻姑娘。

翠姨，跟“我”其实是没有血缘关系的，“她是我的继母的继母的女儿”，是寡妇

① 萧红：《小城三月》，北京：中国文联出版社，2005 年，第 1—3 页。

再嫁带来的女儿。那翠姨是个什么样的形象呢？小说没有写翠姨的相貌，而是写了她的气质：

翠姨生得并不是十分漂亮，但是她长得窈窕，走起路来沉静而且漂亮，讲起话来清楚的带着一种平静的感情。她伸手拿樱桃吃的时候，好像她的手指尖对那樱桃十分可怜的样子，她怕把它触坏了似的轻轻地捏着。[①]

于是我们知道，翠姨是个温柔沉静的女孩子。温柔沉静的内部，又是什么？小说用较长的篇幅写了一个翠姨买绒绳鞋的故事，让我们看到温柔沉静的翠姨，她的内心深处，她的心理层面，到底是什么样的。当时这个小城里正在流行绒绳鞋，大家都穿这样的绒绳鞋，翠姨妹妹的那一双，甚至都已经穿坏了；但是翠姨却没有买。是她不喜欢吗？不是的。

翠姨，她没有买，她犹疑了好久，无管什么新样的东西到了，她总不是很快地就去买了来，也许她心里边早已经喜欢了，但是看上去她都像反对似的，好像她都不接受。[②]

这里写的是翠姨的犹疑不决的个性。那么这就是翠姨的气质所在吗？不，还不够，还有。小说继续写，终于翠姨动了心要去买绒绳鞋了，小说中的叙述人“我”陪着她一起去买，买了两次。第一次，她们坐着马车走了好几家铺子，都没买到，因为这种绒绳鞋已经不那么流行了。好不容易在一家小铺子里发现有卖的，但尺码、颜色都不合适，于是在“我”的劝导下，翠姨就没有买。但过了两天，翠姨又提议去买，“从此我知道了她的秘密，她早就爱上了那绒绳鞋了，不过她没有说出来就是。她的恋爱的秘密就是这样子的，她似乎要把它带到坟墓里去，一直不要说出口，好像天底下没有一个人值得听她的告诉……”这样，小说的叙述兜了一个圈子，又接

---

① 萧红：《小城三月》，北京：中国文联出版社，2005 年，第 3—4 页。
② 萧红：《小城三月》，北京：中国文联出版社，2005 年，第 7 页。

应到翠姨的恋爱故事上，点了一笔。然后“我”第二次陪翠姨去买鞋。这一次因为已经涉及翠姨的情感，小说用了类似童话的柔美笔触来写：

在外边飞着满天的大雪，我和翠姨坐着马车去买绒绳鞋。我们身上围着皮褥子，赶车的车夫高高地坐在车夫台上，摇晃着身子唱着沙哑的山歌：“喝咧咧……”耳边的风呜呜地啸着，从天上倾下来的大雪迷乱了我们的眼睛，远远的天隐在云雾里，我默默地祝福翠姨快快买到可爱的绒绳鞋，我从心里愿意她得救……①

然而，这个童话般的场景又是悲伤的场景，马车在大雪中奔驰，直到暮色苍茫，鞋子终于还是没有买到。第一节是这样结束的：

翠姨深深地看到我的眼里说：“我的命，不会好的。”我很想装出大人的样子，来安慰她，但是没有等到找出什么适当的话来，泪便流出来了。②

至此，通过买绒绳鞋这桩日常小事，翠姨的气质才完整地书写出来：翠姨温柔沉静的表面下，是犹疑不决的性格，这性格背后，是宿命式的命运之悲。

小说的第二节，写了翠姨的妹妹出嫁，翠姨虽然并不羡慕妹妹的婚姻，但她感到更加寂寞了，于是跟“我”家的来往多了起来，在“我”家，翠姨结识了“我”的堂哥哥。如同第一节以大雪天坐着马车买鞋这一场景来写翠姨的性格气质，这一节仍然描绘了一个场景，来写翠姨与堂哥哥之间模模糊糊的感情。翠姨住在“我”家里，就加入了“我”家的家庭音乐会，翠姨弹奏大正琴，跟“我”的伯父、哥哥、弟弟等人一起演奏《梅花三弄》，大家非常快乐。那位堂哥哥在吹箫，他放下箫，对翠姨说：“你来吹吧！”小说这样写道：

---

① 萧红：《小城三月》，北京：中国文联出版社，2005年，第11页。
② 萧红：《小城三月》，北京：中国文联出版社，2005年，第12页。

翠姨却没有言语，站起身来，跑到自己的屋子去了，我的哥哥，好久好久地看住那帘子。[1]

第二节在这里戛然而止。翠姨和堂哥哥这一对年轻人，是否恋爱了呢？不得而知，正如同第一节中所交代的那样，他们"大概是恋爱了"。

小说第三节，翠姨住在"我"家，跟"我"于夜晚聊天时，开始聊关于结婚之类的话题了。"我"的家是"咸与维新"的很开通的家庭，男孩子、女孩子都上学，在家里还有网球场，大家一起打网球，也会谈谈什么男学生不愿意要父母指配的亲事之类。翠姨自己没有读过书，在这样的环境里有些羡慕，也有些隔膜。不久之后，翠姨订了婚，未婚夫是乡下的财主之子，很有钱，人长得又丑又小。翠姨并不中意这门亲事，但也没有违抗，只是有时独自发愣，"向着远远的哈尔滨市影痴望着"。哈尔滨，我们知道，不仅是这小城附近的大城市，堂哥哥也正是在那座城里念书。除了这些内容，第三节似乎是照例，描绘了一个场景来表现翠姨的处境，即订婚后的翠姨去参加别人的婚礼。这是一场满人的婚礼，女客们都打扮得花团锦簇，翠姨呢？"漂亮得像棵新开的蜡梅"，引来了不少亲戚的围观，翠姨窘迫中误入新房，更引起了众人的调笑。第三节的结尾，又是照例，故意收束得意犹未尽：

但是别的女人们羡慕了翠姨半天了，脸上又都突然地冷落起来，觉得有什么话要说出，又都没有说，然后彼此对望着，笑了一下，吃菜了。[2]

显然，对于翠姨，以及翠姨的婚事，女人们之间有种心照不宣。那是什么呢？与第一节所触及但还没有完全展开的翠姨那种"宿命式的命运之悲"，有关系吗？

接下来的第四节，小说的叙事总算是相对集中起来，写到翠姨与堂哥哥的来往。过年期间，堂哥哥放寒假在家，翠姨也来到了"我"家，大家一起在冬夜里跑到

---

① 萧红：《小城三月》，北京：中国文联出版社，2005年，第17页。

② 萧红：《小城三月》，北京：中国文联出版社，2005年，第27—28页。

街上去看花灯，堂哥哥穿着西装，很好看，于是“我”发觉，翠姨“在看哥哥”。还有一次，晚饭后“我”到翠姨房间去找她，结果发现堂哥哥在那里陪着她。然后，“他们出来陪我来玩棋，这次堂哥哥总是输。从前是他回回赢我的，我觉得奇怪，但是心里高兴极了”。故意从一个懵懂小女孩的视角，来看待翠姨和堂哥哥的关系，暗示他们之间的情感滋生，这种写法，其实没有什么太高明的。《小城三月》这篇小说里，萧红的高明之处则在于，她一方面利用了这一视角，另一方面又质疑了这一视角。也就是说，这篇小说通篇采用“我”儿时的回忆，让读者感受到“我”对翠姨的真切情感，也因此体会到翠姨恋爱故事的真实性；但同时，小说又对小女孩“我”的回忆做了进一步的限制，将恋爱故事的高潮部分屏蔽到“我”的视角之外，将其转换成“听来的结局”，使翠姨和堂哥哥之间“大概恋爱了”这一事后的揣测终于不能坐实，其间的情感空间也就存有了更多的留白，乃至更多的质疑。

小说的第四节结尾，“我”退场，同时对前文留下的一些疑问，通过继母对我的讲述进行解答。小说是这样写的：

> 以后家里的事情，我就不大知道了。都是由哥哥或母亲讲给我听的。[①]

不仅“后来的事情”，还有“之前的事情”也同样由母亲告诉我，即关于翠姨婚事的隐情。温柔可爱的翠姨，在这个小城里，她的婚事注定不会美满，“寡妇的孩子，命不好，也怕没有家教，何况父亲死了，母亲又出嫁了，好女不嫁二夫郎……”翠姨自己深深懂得，她是“这种人家的女儿”，“她自觉地觉得自己的命运不会好的”。翠姨的犹豫不决，翠姨的局促与矜持，翠姨的宿命感，至此有了答案，这个答案，用一句套语可以概括，就是“红颜薄命”。

就这样完了？不，还远不够。《小城三月》还有更丰富也更现代的情感意识。

那么我们接下来读小说的第五节和尾声。

第五节是悲剧的结局。翠姨订婚后三年，婆家张罗要娶。翠姨一听就病倒了，但几天后就被她母亲带着去到哈尔滨采办嫁妆，堂哥哥的同学招待她们，使翠姨在

① 萧红：《小城三月》，北京：中国文联出版社，2005年，第36页。

哈尔滨的几天成为她"一生中最开心的时候"。从哈尔滨回来后，翠姨越发不愿意出嫁，她反抗的结果是为自己争取到了在家念书的权利，但她的身体却越来越糟，亲人也断言"她活不久了"。接下来的情节，是小说中极为重要的部分，当然，这部分如前所述，并不是叙述人"我"的目睹，而是听说的。翠姨一病不起，堂哥哥前去探望，小说这样写道：

哥哥进去了，坐在翠姨的枕边，他要去摸一摸翠姨的前额，是否发热，他说：

"好了点吗？"

他刚一伸出手去，翠姨就突然地拉了他的手，而且大声地哭起来了，好像一颗心也哭出来了似的。哥哥没有准备，就很害怕，不知道说什么，作什么。他不知道现在应该是保护翠姨的地位，还是保护自己的地位。同时听得见外边已经有人来了，就要开门进来了。一定是翠姨的祖父。

翠姨平静地向他笑着，说：

……①

翠姨就这样，马上从痛哭转为平静、微笑，说了一大堆感谢的话，检讨说自己脾气不好，最后，她"苦笑了一笑"，告诉堂哥哥，"我心里很安静，而且我求的我都得到了"。

第五节的结尾很简单，但含有一种压抑感：

哥哥看了翠姨就退出去了，从此再没有看见她。

哥哥后来提起翠姨常常落泪，他不知翠姨为什么死，大家也都心中纳闷。②

为什么说结尾的这两句话里含有一种压抑感？字面上，当然是指平淡而又突

① 萧红：《小城三月》，北京：中国文联出版社，2005 年，第 42—43 页。
② 萧红：《小城三月》，北京：中国文联出版社，2005 年，第 44 页。

如其来地提及翠姨的死亡，而且对于这死亡，大家都不知道为什么，甚至连堂哥哥亦复如是。而字面之下被抑制、被遮蔽的情感表达方式，才是更压抑的。我们阅读了这篇小说的五节内容，其实已经可以看到翠姨对堂哥哥的爱，尤其是最后会面时的大哭，翠姨“好像一颗心也哭出来了似的”，可以说，翠姨是殉情而死的。但她的死，似乎并没有带来相应的情感回应，死了，也就死了，人们惋惜一时，也就将她忘却了，而这一点，翠姨自己早就明白了。这里照应的是第一节绒绳鞋故事展示的翠姨的内心：“她的恋爱的秘密就是这样子的，她似乎要把它带到坟墓里去，一直不要说出口，好像天底下没有一个人值得听她的告诉……”写到这里，翠姨的故事，可以说“完成度”很高了，但是似乎对于萧红而言，还不够，她还继续写，就是“尾声”。借助“尾声”而完成的，是《小城三月》这一抒情性的叙述结构，我们再一次读到关于春天的描述，与开头部分相比，这样的春天没有什么不同，除了在春天的田野里添加翠姨的坟头，“坟头显出淡淡的青色，常常会有白色的山羊跑过”。多么抒情的、深情的，又是多么落寞的句子！而“尾声”的结尾，萧红再一次调用了她那童话般的笔触：

年轻的姑娘们，她们三两成双，坐着马车，去选择衣料去了，因为就要换春装了。她们热心地弄着剪刀，打着衣样，想装出自己心中想得出的那么好，她们白天黑夜地忙着，不久春装换起来了，只是不见载着翠姨的马车来。①

第二节　现代小说家的伤春文学

阅读了小说全文，我们就会有一个大致的感受：就小说情节或曰内容而言，这是一个女孩子恋爱的悲剧，她因为身世，无法向心仪的男子表白爱情，更无法自主决定婚嫁，最后抑郁而终。就小说的所谓风格而言，这是一篇哀婉的、抒情的作品，同时又比较内敛，算得上“哀而不伤”。

① 萧红：《小城三月》，北京：中国文联出版社，2005年，第46—47页。

这个故事其实一点都不复杂，这个故事的风格也并非独树一帜。但是，这篇小说有种动人的力量。翠姨的悲剧故事，也许在今天不那么常见了，我们现在不太容易想象一个人像翠姨那样殉情而死。但是，我们并不因此就觉得这篇小说“过时”了，我们仍然有种阅读的情感共鸣，并因此觉得它深深打动了我们。那是什么呢？大概可以说那是一种对于文学的理解与体会的内在情感机制，是我们的情感的审美机制。就这篇《小城三月》而言，我想我们大约可以从“伤春”的文学这个方面来谈。

中国的文学传统，尤其是抒情文学传统，非常重要的表达是人在天地间的感受，四时万物、物换星移，无不引发人内在的感应，并同时投射在物我之间，“感时花溅泪，恨别鸟惊心”，“念天地之悠悠，独怆然而涕下”……其中，非常直接的季节与情感对接的文学表述，至少有“伤春”与“悲秋”两大类。我们这里只是粗线条地谈谈“伤春”的文学。比起“悲秋”，“伤春”的文学里有更明晰一点的性别色彩，换言之，“伤春”往往与女性有关，尤其是与年轻的女性有关。春天美好而短暂易逝，往往与女性的青春具有同质性，而青春的短暂易逝，又往往关联到女性的爱情甚或生命的脆弱，从而成为一种女性的身世与生命体验。其中，最有名的大概是汤显祖《牡丹亭》里的唱词了：

> 原来姹紫嫣红开遍，似这般都付与断井颓垣，良辰美景奈何天，赏心乐事谁家院？……朝飞暮卷，云霞翠轩；雨丝风片，烟波画船——锦屏人忒看的这韶光贱！……则为你如花美眷，似水流年，是答儿闲寻遍，在幽闺自怜。[①]

我们知道，这唱词后来又在《红楼梦》中被征引，就是第二十三回，“牡丹亭艳曲警芳心”，林黛玉听见这支“皂罗袍”，飘飘忽忽一曲听将下来，从“倒也十分感慨缠绵”“不觉点头自叹”，到“心动神摇”，最后竟然“如痴如醉，站立不住”，极为细腻地传达了黛玉内心的百感交集。

《小城三月》也是这个“伤春”的文学脉络里的一篇。而且，小说里有意将翠姨

① 汤显祖：《牡丹亭》，北京：人民文学出版社，1963 年，第 53—55 页。

比拟为黛玉。小说中,因为翠姨的矜持,"我"的伯父善意地说她像"林黛玉",结果引得全家人都笑起来,唯独翠姨因为没念过书,不知道这是什么意思。但我们其实可以体会得到,翠姨被称呼为"林黛玉",并不是仅仅指她性情矜持,更是暗示了她那黛玉式的命运。不过,小说题名不是"翠姨",不是以刻画一个林黛玉似的姑娘为目的,小说题名为"小城三月",明白地表达了这是关于春天的故事,这是一篇"伤春"的小说,开头和尾声大段地描写春天,构成了小说最核心的时间含义。不过,说到时间,这是很有意思的,小说标题是"三月",开头结尾大写特写"春天",但是,春天,跟翠姨有关系吗?我们阅读小说时已经注意到小说里写了多处场景,来作为翠姨出场的背景,凸显翠姨在那个特定环境中的处境与心态。那么这些场景都是什么季节的呢?我们来重温一下这些场景吧:翠姨和"我"坐着马车,在大雪中去买绒绳鞋;过年的时候在"我"家里参加家庭音乐会;正月十五到大街上去看花灯;到哈尔滨去办嫁妆,提到"出嫁的日子又不远了,或者就是二三月",那自然也是冬天。因此,有意无意地,小说将翠姨的生活都安排在冬天;而春天,跟翠姨仿佛是若即若离的。开头写春天来了,"人人像久久等待着一个大暴动","人人带着犯罪的心情,想参加到解放的尝试",在这种解放感里,在这春天的"呼唤"和"蛊惑"里,翠姨"和我的堂哥哥大概是恋爱了"。但因为这场恋爱实际上还没开始就已结束,并不曾真的在翠姨生活中实现,所以翠姨的生活里,或者说翠姨的生命里,没有春天,都是严冬,小说主体部分,也就是翠姨恋爱故事的部分,并没有关于春天的书写。当尾声再写春天的时候,则已是春尽人亡,只有翠姨的坟头留在春天里。也就是说,"小城三月"这大好春光,虽然被翠姨感知,但却始终不曾真的眷顾翠姨的人生。如同小说尾声里所感叹的那样:"春天为什么它不早一点来,来到我们这城里多住一些日子,而后再慢慢地到另外的一个城里去,在另外一个城里也多住一些日子。"这个,当然是"伤春",也是对青春生命的悲悼。同时,这也可以解释前面的那个问题,为何这个"过时"的故事,仍然有深深打动今天我们这些读者的力量,因为它通过"伤春"的文学传统,再一次传达并复刻了我们的文学情感记忆。

然而,对《小城三月》的解读,恐怕并不能到此为止。因为这并不是一篇古典"伤春"文学的现代版,这是一篇现代小说家的现代文学作品。现代小说家如何"伤春"呢?萧红有自己的文学处理。

如同上面所说，古典文学中的“伤春”文学，本身已经建立起了一种和谐精致的文学审美经验和情感机制。换言之，那个古典“伤春”文学中，是古典的人在其古典处境中所深刻体味到的生命体验。林黛玉在听“皂罗袍”时“心动神摇”“如痴如醉”，因为她知道她自己是“林黛玉”，她也知道杜丽娘，她此时与杜丽娘心意相通；而翠姨感知着春天的召唤，但她并不是“林黛玉”，她也全然不知道“林黛玉”，听闻别人如此称呼她，她只是本能地感到这是别人的嘲讽，她说：“你们读书识字，我不懂，你们欺侮我……”但是，翠姨仍然带有她的古典气质，也就是我们在阅读中所理解到的，她的沉静温柔、犹疑不决，她的身份意识，她的宿命；还有更重要的一点，是她对宿命的反抗方式：认命，然后以死相抗。我们在小说中可以读到，翠姨病倒后，她婆家想要立刻把她娶回去“冲”一下，“翠姨听了就只盼望赶快死”，只求速死，跟潇湘馆里的林妹妹是一样的。这种抵抗宿命的方式，我认为更是她古典气质的重要构成部分。然而，古典的翠姨，此时遭遇的，不再是古典的处境，而是现代的处境，“伤春”的文学，也就在这里悄悄显现出了它的裂隙。

古典的文学人物杜丽娘、林黛玉，她们所处的古典处境是什么？我们不从历史、文化的角度展开，而只就其象征物来说，那就是“幽闭的花园”。只有在这个幽闭的花园里，才会有“姹紫嫣红开遍”而只能“都付与断井颓垣”，“如花美眷”才能喟叹“似水流年”，春天之伤逝感，正是来自幽闭。

而《小城三月》呢？“小城”，就是翠姨的处境。这个“小城”，当然也还是有它封闭的一面，但是跟幽闭的花园相比，显然已经不同了。这里的春天，有田野，有野孩子，有草和牛粪，有大街小巷，还有风在吹，河冰在奔流……小城里的春天带来的不是幽闭感，而是解放感，令人想要“犯罪”。同时，“小城”还有一个参照系，那就是哈尔滨这个“大城”。翠姨的世界是“小城”，而堂哥哥的世界是“大城”，翠姨在小城的时候往往“向着远远的哈尔滨市影痴望着”，她到大城办嫁妆的几天，是她人生中最幸福的时光。这个小城已经被打开了豁口，无法再重现“幽闭的花园”这一古典处境，悲剧恰恰由此而来：古典的翠姨，面对现代的处境。《小城三月》于是无法完成传统“伤春”文学的审美自洽，现代小说家萧红以仿写撕裂了传统的“伤春”文学，使这种审美经验再度陌生化，然后重建了她自己的“伤春”小说。

在这样的转换中，我们看到，翠姨的不幸，其实已经无法用“红颜薄命”“身世畸零”来涵盖了。作为一个“现代处境”，“小城”里也已经有所谓“男女平等”“婚姻自主”这样的“开明”生活了，“新”的、“自由”的时代似乎已经来临了。多年前有一部关于萧红的传记电影《黄金时代》轰动一时，电影的宣传海报也受到许多人的追捧，海报上印着“想怎么活，就怎么活”“这是无所畏惧的时代”“一切都是自由的”。海报所标榜的这个时代，与翠姨的时代是相当接近的。翠姨也尝试着要融入这样的新生活里，但她的要求少得多，甚至有些卑微，那就是对念书的渴望、打网球之类，但即便如此，还是有隔膜的。“小城”的开明之下，隐藏着更深的既有秩序，那就是婚礼上女人们的心照不宣。这里，翠姨所面对的“现代处境”，就是“小城”所代表的“新”与“旧”两面的夹击。面对这种夹击，翠姨只能默默地退回到她的“身世畸零”和“红颜薄命”的壳里去，以这种自虐式的“认命”，以只求速死的方式，完成她懦弱而刚烈的对抗。

解读到这里，也许可以说，翠姨的悲剧是一个时代的悲剧，是在特定的历史的新旧交接之际产生的悲剧。但似乎仍然不够。萧红通过她的小说叙事，还留下了另外的疑惑。那就是前面已经提及的叙事人“我”的问题，尤其是小说第四节之后，“我”退场，小说叙述改用了间接的转述方式，说明翠姨故事的结局“都是由哥哥或母亲讲给我听的”。

堂哥哥讲了什么呢？翠姨临死前，堂哥哥去看望她，翠姨抓住堂哥哥的手忘情大哭。这个场景里只有两人单独相对，因此，这一戏剧性的故事高潮，也就只能来自堂哥哥的讲述。但在堂哥哥的讲述里，无论当时还是事后，他仿佛都是茫然无知的。翠姨痛哭之际，他感觉到了翠姨的无限绝望，因为翠姨“一颗心也哭出来了似的”那种状态，同样应来自堂哥哥的讲述；但是他“很害怕”，不知道“应该是保护翠姨的地位，还是保护自己的地位”；翠姨死后，他很悲伤，常常落泪，但是“他不知翠姨为什么死”。

母亲又讲了什么呢？翠姨病重，母亲派堂哥哥去看望，因为“母亲很久地就在心里边猜疑着他们了”；翠姨死后，母亲还说，“要是翠姨一定不愿意出嫁，那也是可以的，假如他们当我说”。

翠姨死去了，堂哥哥表示他什么也不知道，母亲表示她本来可以帮忙。这是什么意思呢？我们已经说过，只求速死、以一己之死来对抗那个“命”，是翠姨最绝望的反抗，也就是她的死的意义与价值。然而，这个反抗的意义与价值，在堂哥哥和母亲那里，似乎并不存在；翠姨的死况，“都是由哥哥或母亲讲给我听的”，里面因此不无可疑之处。由此，我们可以说，这并不是一个凄美的爱情故事，这是一个冷漠的、令人质疑的故事。叙事人“我”的这一番转述，究竟是在叙事角度的转换之中不够圆融，还是故意要留下一个叙事的“破绽”，抑或是无意间流露了作者另外的思路？大家都可以根据自己更细致地进一步阅读，给出自己的解析。

第三节　关于“小城”的两个“尾声”

所谓更细致地进一步阅读，除了《小城三月》这篇小说本身，还有必要将萧红另一部更知名的小说——长篇小说《呼兰河传》，并列来读。我们可以先尝试着选取一个片段来进行对读。与《小城三月》一样，小说《呼兰河传》也有一个抒情性很强的“尾声”，我们来读一读《呼兰河传》的“尾声”：

关于“小城”的两个“尾声”（视频）

呼兰河这小城里边，以前住着我的祖父，现在埋着我的祖父。

我生的时候，祖父已经六十多岁了，我长到四五岁，祖父就快七十了。我还没有长到二十岁，祖父就七八十岁了。祖父一过了八十，祖父就死了。

从前那后花园的主人，而今不见了。老主人死了，小主人逃荒去了。

那园里的蝴蝶，蚂蚱，蜻蜓，也许还是年年仍旧，也许现在完全荒凉了。

小黄瓜，大倭瓜，也许还是年年地种着，也许现在根本没有了。

那早晨的露珠是不是还落在花盆架上，那午间的太阳是不是还照着那大向日葵，那黄昏时候的红霞是不是还会一会工夫变出一匹马来，一会工夫变出一匹狗来，那么变着。

这一些不能想象了。

听说有二伯死了。

老厨子就是活着年纪也不小了。

东邻西舍也都不知怎样了。

至于那磨坊里的磨官，至今究竟如何，则完全不晓得了。

以上我所写的并没有什么幽美的故事，只因他们充满我幼年的记忆，忘却不了，难以忘却，就记在这里了。①

这个尾声与《小城三月》的尾声有一致的地方，都是写时光流逝，天人永隔。事实上，《小城三月》的尾声也完全可以以《呼兰河传》尾声的样式来写，比如：这小城里，以前住着我的翠姨，现在埋着我的翠姨。悼亡伤逝，令人动容。

但更重要的可能还是这两个"尾声"在叙事方式上的处理。二者都跳出了女童叙述人的略显沉溺性的讲述，回归到萧红的写作现场，虽然伤感惆怅，但并不沉溺于虚幻的怀旧中，她的冷静及质疑也并不因此有所减损。"尾声"里最重要的一句，可能是最后一句，"以上我所写的并没有什么幽美的故事"。

《呼兰河传》写作时间比《小城三月》早一些，同样是萧红羁留香港时的作品。对萧红来说，两部作品的创作心境不乏相似之处。以多病之身辗转奔波，故土相隔千山万水，更不知何时是归期，遥远的童年、遥远的家乡，越发魂牵梦萦。萧红笔下的主人公，不论是《小城三月》中的翠姨，还是《呼兰河传》中的小团圆媳妇、有二伯、祖父、冯歪嘴子，都不再仅仅是一个个有着生活原型的个人，而更是那个小城的投影，萧红建起了属于她的"城与人"这样的一种文学格局。《呼兰河传》就是呼兰河畔的一个小城的传记，与《小城三月》一样，看似以写人为中心，但到底是写"城"。这个"城"里，"并没有什么幽美的故事"，只是充满了"我"的回忆。温暖自温暖，严苛自严苛。萧红不因回忆而将小城的传记一味诗意化、"幽美"化。萧红在她生命的最后时段，回忆往事，记录往事，拥抱往事，但并没有与那些往事一一和解。

参考文献

[1] 萧红. 生死场[M]. 北京：人民文学出版社，2005.

① 萧红：《呼兰河传》，北京：人民文学出版社，2001 年，第 188—189 页。

[2] 萧红. 呼兰河传[M]. 北京：人民文学出版社，2001.
[3] 葛浩文. 萧红传[M]. 上海：复旦大学出版社，2011.

思考题

1. 请细读《小城三月》与《呼兰河传》中的季节描写，并试述其与人物塑造的关联。
2. 你如何理解萧红作品的“尾声”？
3. 结合自己的阅读，并查找相应材料，谈谈你对“伤春”文学的理解。

（李宪瑜）

第九讲 曹禺的戏剧

曹 禺

曹禺的文学道路（视频）

曹禺（1910—1996），中国现代著名剧作家，被誉为“中国的易卜生”。他本名万家宝，字小石，祖籍湖北潜江，1910 年 9 月 24 日生于天津的一个官僚家庭。父亲万德尊曾任镇守使、都统和黎元洪总统秘书，后赋闲在家。曹禺生母早逝，继母酷爱戏剧，常带曹禺看戏听曲，培养了他对戏剧艺术的浓厚兴趣。1922 年，曹禺进入富有话剧表演传统的南开中学，后加入南开新剧团，并成为骨干。在校期间，他曾演出过莫里哀的《吝啬鬼》、易卜生的《人民公敌》等经典名剧，并编演一些时事新剧，接受了校园戏剧的训练和戏剧文化的洗礼。1928 年，曹禺升入南开大学政治学系，1929 年转入清华大学西洋文学系。在清华，曹禺大部分时间都在图书馆饱览世界文学名著，清华丰富的外国戏剧藏书，为曹禺打开了一个广阔的艺术天地，希腊悲剧以及莎士比亚、奥尼尔、契诃夫等人的戏剧对他产生了深远的影响。

1934 年，曹禺的第一部重要剧作《雷雨》在《文学季刊》发表，1935 年开始在国内陆续上演，中国话剧从此进入了“雷雨时代”。此后，曹禺又相继创作了《日出》《原野》《北京人》《家》等重要剧作，《日出》获得了“大公报文艺奖金”，曹禺则成为中国现代首屈一指的杰出剧作家。

1946 年，应美国国务院邀请，曹禺与老舍赴美国讲学，宣传抗战文艺取得的成就。新中国成立后，曹禺相继担任了中央戏剧学院副院长、北京人民艺术剧院院长、中国戏剧家协会主席、全国文联主席等职务，创作了《明朗的天》《胆剑篇》《王昭君》等剧本；1996 年 12 月 13 日因病去世。

曹禺戏剧的出现，标志着我国话剧文学样式的成熟。他创作的《雷雨》等剧作，在思想、人物、冲突、结构、语言等方面取得了卓越独特的成就，成为现代中国话剧创作的典范。他大胆吸收外来艺术的影响，同时结合民族戏曲的优秀传统，奠定了现代话剧这一“五四”以来的新生文学样式在我国现代文学史、现代戏剧史上的地位。

第一节 《雷雨》导读

《雷雨》是曹禺的处女作和成名作，从 1929 年开始，作者酝酿了五年时间才写出了这个剧本。《雷雨》问世后一鸣惊人，成为中国现代文学史上的经典之作。

《雷雨》描写了一个发生在阴郁压抑的旧式大家庭中的悲剧。靠帮佣为生的老年妇女侍萍偶然进入富商周朴园的府邸，故地重游，却引爆了周鲁两家的新仇旧恨。

三十年前，青年周朴园与家中的丫鬟侍萍发生恋情，与她生了两个儿子。周家的家长为了让儿子迎娶一位阔家小姐，抛弃了侍萍。侍萍抱着刚出生的次子大海投河自尽，使周朴园误认为侍萍已死。

侍萍被人救起，为了生活，带着襁褓中的儿子，嫁给了外乡人鲁贵。后又和鲁贵生下女儿四凤。四凤与母亲当年一样，被鲁贵带到周公馆也成为周家的使女。鲁大海则在周家的矿上做工，此时作为罢工矿工的谈判代表来找周朴园。

三十年后的周朴园有钱有势。他现在的太太是蘩漪，生下小儿子周冲。但蘩漪与周朴园性格不合，在郁闷的环境中，大胆地爱上了周朴园的大儿子周萍。但周萍很快就厌恶了这种感情，又爱上了年轻单纯的四凤，后者有了身孕。

当周萍匆匆收拾行李欲带四凤离开，绝望的蘩漪叫来了周朴园，公开了自己和周萍的关系，周朴园以为蘩漪知道了侍萍的身份，便叫周萍叩头认母。周萍因为与四凤的乱伦关系，不肯上前相认，遭父谴责。四凤神情异常，惨叫着冲进风雨之中。周冲紧跟追出，二人意外触电身亡。在人们的一片惊慌之中，周萍在楼上开枪自杀。蘩漪被眼前的一切惊呆，狂笑着疯了。周朴园认为的最圆满、最有秩序的家庭，在雷雨交加中解体、崩溃了。

历来对《雷雨》的主题，有多种解释。比较有代表性的有两种：一是认为，《雷雨》是一部社会问题剧，暴露了封建大家庭的罪恶和现实的黑暗，具有社会批判性。剧作描写了封建家庭的专制蛮横，对人性的扼杀，对青年的压制，尖锐的阶级斗争等问题，因此，《雷雨》也被公认为一部现实主义杰作。还有一种观点，认为《雷雨》是一部表现命运对人的捉弄和人的生存困境的命运悲剧。曹禺曾说："我用一种悲悯的心情来写剧中人物的争执。我诚恳地祈望着看戏的人们也以一种悲悯的眼来俯视这群地上的人们。……他们（指剧中人物）怎样盲目地争执着，泥鳅似的在情感的火坑里打着昏迷的滚，用尽心力来拯救自己，而不知千万仞的深渊在眼前张着巨大的口。他们正如一匹跌在沼泽里的羸马，愈挣扎，愈深沉地陷落在死亡的泥沼里。"剧中过于巧合的血缘关系，郁热烦闷的神秘氛围，都暗示着人物的结局并非人力可以掌控，而是有一只看不见的手在主宰，这就是命运。在强大而神秘的命运面前，人是那样的渺小，所有的挣扎和努力都是徒劳，最后都以悲剧告终。

长期以来，《雷雨》的"序幕"和"尾声"在演出中都被删去了，甚至在很多文学版本中也不见踪影。但没有"序幕"和"尾声"，我们就不能更好地理解作品的主题。通过"序幕"和"尾声"，我们知道周朴园的家庭解体了，公馆卖给了教会，成了现在的教会医院，疯了的蘩漪和侍萍就住在这个医院里，只有苍老的周朴园还不时来看望她们。年轻人已经逝去，只剩这些经过了沧桑变故的老人默默承受着人生原罪带来的痛苦。序幕开场的时间，已经是周府悲剧发生的 10 年以后，是在两个孩子的询问中展开剧情。作者这样设计的目的，就是要使观众和剧情之间保持一个审美的距离，让观众在适中的位置来看戏，而不至使自己受到惊吓。这就消解了作品由于表现人的命运的不可理喻而给观众带来的恐怖、惶惑以及郁闷的情感，"而转化为一种悲悯，这类似于宗教的终极效果"。在"序幕"和"尾声"中都有基督教的合唱颂歌的音乐，目的也是净化人们的心灵，使观众对人物的悲剧命运产生某种感悟。

一、 人物

《雷雨》塑造了一系列成功的人物形象，其中给人印象特别深刻的，是蘩漪。

蘩漪是《雷雨》中最具震撼力、最有深度的人物，有着最"雷雨"的性格，她操纵着全剧,是整个剧本的动力。在她身上,体现着“最残酷的爱和最不忍的恨”。她出身上流社会,知书识礼,颇有教养,受到过“五四”新文化的陶冶,有一定追求自由和个性解放的思想,同时又脆弱任性。与周朴园痛苦的婚姻、长期的压抑使蘩漪的心理发生扭曲,错误地将周萍的爱当作救命的稻草。并将这种乱伦之爱当作对周朴园统治的一种反抗。她性格中任性、自私因素恶性发展,终于走向疯狂的报复,不惜用破坏一切的方式,与自己所爱所恨的人同归于尽。蘩漪的复仇之火不仅烧毁了自己,同时也烧毁了周冲、四凤、侍萍这些无辜的人。这就是蘩漪的“雷雨”性格,要么在“火”中给人温暖,要么在“火”中把一切烧毁。

蘩漪这一悲剧人物,是曹禺对现代戏剧的一大贡献,深刻地体现了作家对人性的理解。在一般世俗的眼光中,她是一个不道德不光彩的乱伦女人,甚至是一个不可饶恕的罪人。但是曹禺却说:“我想她应该懂我的怜悯和尊敬,我会流着泪水哀悼这可怜的女人的。”“她有火炽的热情,一颗强悍的心,她敢冲破一切桎梏,做一次困兽的斗。”曹禺不仅给她以深刻的同情,而且表现了她不屈的意志、强悍的内力以及奋争的勇气。蘩漪是一个个人主义者,她的种种行为,只是为了留住爱情,但每次都揭露出周公馆的罪恶。也许只有蘩漪这样决绝的女人,才能够真正全面地揭露传统家族制度的罪恶,这个人物有她的局限和缺点,但她那生生不息的绝望的抗争,对周家罪恶和家庭秩序的叛逆,却应该寄予着我们的同情和支持。

二、 戏剧结构

作为一部成熟的多幕剧,《雷雨》有着复杂而完整的戏剧结构。因为舞台演出受到时间和空间的限制,所以戏剧的结构较之其他文学形式要求更为严格。《雷雨》体现了曹禺戏剧的结构特色,他善于提炼社会现实生活中的各种矛盾,善于在错综复杂的人物关系之间组织冲突;形成了多组冲突齐头并进,在有限的舞台时空中表现丰富复杂生活内容的严谨精巧的戏剧结构。

《雷雨》所表现的生活历时 30 年,剧中人物关系复杂,冲突激烈。且剧中表现时间仅一天,所有的矛盾都集中在从“一个初夏的上午”到“当夜 2 点钟的光景”的一天之内，地点又基本在周家客厅，构思有相当大的难度。因此，曹禺借鉴了欧洲戏剧的“三一律”，采取了封闭式的戏剧结构，运用了在希腊悲剧结构基础上创造的特殊“回溯法”，借助过去的情节来推动现在的情节发展，但又以表现现在的情节为主，这种结构方式集中而清晰，有利于表现复杂而多变的人物和线索、矛盾和冲突。曹禺借助“三一律”的长处，将具有普遍联系的社会生活现象，汇聚到在时间和空间上有一定限制的舞台里，并且在舞台上充分展开了矛盾冲突的发展过程，有力地实现了写作意图，使内容和形式得到了很好的统一。

《雷雨》灵活运用了古希腊悲剧中“发现”与“突转”的结构技巧。按照亚里士多德《诗学》中的解释，“发现”是指从不知到知的转变，通常是剧中人物的被“发现”，有时是一个人物被另一个人物“发现”，有时是彼此互相“发现”。“突转”是指戏剧情势发生急剧变化，通常是 180 度的大转弯。大多数情况下，“发现”和“突转”是相依共存、同时进行的，往往由于“发现”而造成剧情的“突转”。在第二幕中，周朴园与鲁侍萍的相见，作者就娴熟地运用了“发现”与“突转”手法，两个人物的情感跌宕和性格冲突表现得淋漓尽致，人物对话和戏剧行动也是波澜起伏，充满了峰回路转的戏剧性魅力。

《雷雨》还成功地运用了“悬念”技巧。悬念是指一种急切期待的心理状态和好奇心。悬念可造成紧张的心理状态，而不断向前伸展的紧张则可以持续激发观众的兴趣。剧中悬念大致有两种：一种是观众一无所知，好奇心驱使他们对舞台上的一切都想刨根问底；另一种是观众知道一点或者知之甚多，而急于了解事件发展的趋势和剧中人物的结局。悬念和戏剧冲突往往相伴而生，例如第四幕戏剧冲突愈演愈烈，悬念也更加强烈，四凤能否和周萍一起出走是这幕最大的悬念，作者用拖延和抑制的手法，使高潮部分的剧情发展迂回曲折，反复进退，更加惊心动魄，紧张有力。这样一波三折地设置悬念、推动悬念、解除悬念，加强了戏剧的紧张性和爆发力，也更加鲜明地刻画了人物性格。①

《雷雨》的情节有许多巧合，充满了偶然性事件。这是由于曹禺早年受近代欧

① 程致中：《〈雷雨〉的戏剧冲突和结构艺术》，《安徽师范大学学报（人文社会科学版）》，2009 年第 4 期。

洲“巧凑剧”的影响。他坦言：“老实说，一部《雷雨》全都是巧合，明明是巧合，是作者编的，又要让人看戏时觉不出是巧合，相信生活本来就是这样，应该是这样。这就要写出生活逻辑的依据以及人物性格，人与人之间关系的必然性来。”《雷雨》中的巧合突破了“巧凑剧”迎合观众、违反生活逻辑、一味制造意外的弊端，能够把生活逻辑的依据和人物性格、人与人关系的必然性寓于偶然性的巧合事件之中，如侍萍时隔30年又到周家、鲁大海也在周朴园矿上做工、蘩漪与周萍的乱伦关系，虽然属于巧合，但都有内在合理的因果关系，偶然中包含着必然，出乎意料，合乎情理。《雷雨》利用巧合，对于刻画人物性格、加强戏剧的矛盾冲突、加速剧情的发展，都是合理而必要的。

第二节 《日出》导读

1936年，曹禺写出了他的第二部剧作《日出》。在这部戏里，他的视野从家庭扩大到了整个社会，描写了20世纪30年代初期受资本主义世界经济恐慌影响下的中国都市生活。

交际花陈白露被银行家潘月亭包养，住在高级旅馆里，整日与一群游手好闲的寄生虫相周旋，过着纸醉金迷、晨昏颠倒的生活。学生时代的恋人方达生听说她堕落的消息，从家乡跑到都市，想以结婚的方式感化并挽救她，但被拒绝。孤儿小东西为了逃脱金八的魔爪误入陈白露的房间，陈白露虽全力救助，但小东西还是被卖到下等妓院“宝和下处”，不堪凌辱而自尽。平民出身的银行职员李石清看不起老实而被社会抛弃的黄省三，铤而走险，通过要挟潘月亭而坐上了银行襄理的位置，但很快就被潘月亭耍弄，潘月亭自己又被金八挤垮，陈白露失去了经济靠山又不愿意苟活，选择了自杀身亡。原来看不惯都市糜烂生活的方达生决心留在城市里，跟金八他们拼一拼。

《日出》在内容和艺术手法方面较之《雷雨》都有所发展和创造。剧本采取了中国现代文学中少见的城市题材，通过对半殖民地都市群丑的出色描绘暴露了社会的黑暗糜烂。有工于心计的银行家潘月亭、卑躬屈膝的李石清、俗不可耐的顾八奶奶、洋奴张乔治等。这些都市群丑聚在陈白露的寓所里寻欢作乐，而又尔虞我诈，充分暴露了被金钱扭曲了的畸形人性。同时，作家描绘"不足者"的备受欺凌。小东西被卖进妓院；小职员黄省三走投无路毒死自己的孩子后自尽被救发了疯。剧本描写了他们的悲惨命运，也描写了他们善良、忠厚和倔强的品性。正是通过对"有余者"和"不足者"两类人命运的描写，剧本反映了20世纪30年代半殖民地中国大都市光怪陆离的社会生活图景。一方面是剥削者贪得无厌，醉生梦死；另一方面是被损害者备受侮辱。"有余者"和"不足者"形成强烈对比，表达了控诉"损不足以奉有余"的黑暗社会的主题。在《日出·跋》中曹禺说："我也愿望我这一生里能看到平地轰起一声巨雷，把这群盘踞在地面上的魑魅魍魉击个糜烂，哪怕因而大陆便沉为海。"可见他确是对旧中国黑暗社会抱有一种"时日曷丧，予及汝偕亡"的极端憎恶的感情。因此，在曹禺剧作中，《日出》具有最鲜明的时代性和最强烈的社会批判性，具有纪实性的特点。

为了配合剧本的主题，曹禺改变了《雷雨》中"三一律"的闭锁式结构，转而采取了"横断面"的戏剧结构。整个剧本不再集中在几个人身上，而是以饭店为中心，采用如同后期印象派用色点点成图画似的结构，截取一个社会横断面，展现一群人各自不同的性格和命运。

它的构架特点，即以陈白露的休息厅为活动地点，呈现上层腐败混乱的状况；同时以低等妓女翠喜所在的"宝和下处"为活动地点，呈现下层的地狱般的生活。二者被对照起来，交织起来。《日出》的第一、第二、第四幕，可能受到根据美籍作家维姬·巴姆同名小说改编的电影《大饭店》的启发。《大饭店》写一家豪华饭店，住着来自四方的种种人物，实业家、红舞女、落魄的男爵、职员、速记员等，呈现的是这些人物的生活片段。其实，高尔基的《底层》也是在一家旅馆里展开叙述，没有贯串的交织的故事情节。但是，曹禺的结构却来自他的艺术独创的构思，即他说的那个"损不足以奉有余"的"基本观念"。他加上一个第三幕，即"宝和下处"的妓女的生活片段，与高级旅馆构成对比，这就加强了他对现实的抨击力量，加深了对社会人生世相的深刻概括。这是曹禺的艺术独创之处。

通过这种横断面的结构方式，曹禺展现了广阔的社会生活画面，组成了一个高度生活化的剧本。首先，剧中的各个片段之间，上流社会与下等妓院之间，并没有明显的主要情节加以贯串。其次，《日出》不像《雷雨》那样将剧情集中在几个人身上，没有绝对的主要人物。最后，《日出》里面没有主要的戏剧冲突，如果说“损不足以奉有余”是全剧的主要冲突，那么也是渗透在全剧本的一切片段中。

下面我们谈谈剧中的人物。

金八，是剧本中一个地位特殊的人物，他始终没有出场，却又无处不在。其巨大的阴影贯串于整个四幕剧中。如果我们说在《日出》中“金钱”是轴心，所有的人都围绕在轴心的周围，那么金八就是带动这个轴心转动的枢纽。金八是金融买办和封建帮派的结合体，从局中人之口，我们完全能够感受到这是一个毒辣残忍、卑鄙狡猾的铁腕人物。潘月亭四处小心，不敢得罪金八，但对方并没有放过他，最后还是把他“吞吃”了。金八就像一只毒蜘蛛坐在旧社会这张黑网的中心，所有人的悲剧命运都与他有关。他是黑暗势力的象征，他没有以具体的人物形象出现在舞台上，但同时又是每一幕都在场，在生活的每一个角落都有他的印记，推动了整个剧情的发展。

《日出》里另一个令人难忘的主人公，是女主角陈白露。陈白露是个充满着矛盾的人物。她出场时，作者对她的介绍，最好地说明了她：“她爱生活，她又厌恶生活。”她爱生活，是因为生活里充满了欢乐和美好的东西；她厌恶生活，是因为她所向往的欢乐，她所喜爱的美好的东西，却又是必须通过她所厌恶的方式才能取得。这就是出卖自己的色相，忍受着最大的屈辱。她受过良好的教育，有清醒的一面，对她现在的生活感到不满、痛苦和厌恶，鄙夷她周围的一切人。她在她的生活圈子里，就像污泥里的一朵莲花，虽然生长于恶浊的环境，却仍保持着她的美丽和芳洁。但她跳不出这个圈子，尽管向往着自由，但还是没有勇气冲出这已经被她非常厌恶的漂亮的金丝笼，这就是她软弱而麻木的一面。

陈白露的悲剧在于，一方面，她洞悉上流社会的种种丑恶，看透他们灵魂的空虚与道德的堕落，对他们极度地厌恶；另一方面，她又留恋着上流社会的生活方式，特别是对资产阶级所能供给的物质享受非常沉迷。再加上她那极端高傲、倔强的性格，她的过分自怜自爱、自我欣赏，以及像一个旧社会里睥睨一切、飘飘然遗世独立的诗人一样的气质，就使这个矛盾更加尖锐，更加剧烈，更加无法调和，最后只有以死亡来解决。

自杀，一般来说是消极的行为。但对陈白露来说，她的自杀却又是她战胜了享乐主义的结果。如果她仍旧屈服于享乐主义的诱惑之下，是没有勇气走上自杀之路的。因此，她的自杀表明她还不是个彻底的不可救药的堕落者，在她的心灵里还有若干美好的东西存留着。她死了，这美好的东西也一同被毁灭了，这是一个悲剧，既是社会的悲剧，也是人性的悲剧。

第三节 《原野》导读

1937 年，曹禺写出了他的“生命三部曲”之三《原野》。他通过一个复仇的命运悲剧故事，深刻地展示出他对“人生困境”的困惑以及对神秘宇宙的哲学思考。

原野上，戴着镣铐的仇虎从囚车上跳下来。蒙受冤狱多年的他砸开脚铐，到乱坟岗取出以前埋在那里的枪，准备回家找焦阎王报仇。焦阎王的儿子大星娶了金子为妻。大星爱金子却又惧怕母亲，瞎眼的焦母心狠手辣，对金子异常狠毒。这天金子刚送走大星，仇虎突然出现，仇虎见到昔日恋人却成为仇人的儿媳，不禁爱恨交加，他表示办完事后就带金子远走高飞。

深夜，仇虎潜入金子房中。大星回来，焦母要他用家法拷打金子。正在他进退两难时，仇虎大模大样地闯进来，大星与仇虎对饮，不久烂醉如泥。仇虎回来复仇，孰料焦阎王已死，愤怒之下，杀死了软弱的大星。

与此同时，焦母来到仇虎床前，举起铁拐打了下去，后来才发现是孙子睡在那里，被其击杀。仇虎带着金子跑了，焦母抱着孙子在黑暗中呼喊，引来了侦缉队。仇虎找不到出路，在黑夜中将匕首插入自己的胸口。原野上只剩下金子凄厉的呼喊。

《原野》是曹禺剧作里最难懂，也是争议最多、魅力最大的一部。我们不能仅用现实主义来解读这部剧作。曹禺的创作，既没有承接社会阶级斗争的任务，也没有表现民族矛盾背景下的现实情感，而是在一个几乎与世隔绝的蛮荒环境中分析、表现在社会重压下的“人性可能”，他创造了一个“原始的蛮性的世界”，在这个世界里，每个人都有着强烈的欲望和生命力，正是这种欲望使他们成为有血有肉的人，但也正是这些欲望使他们毁灭了自己。在某种程度上，《原野》延续了《雷雨》的主题：人与命运的抗争。

仇虎与焦阎王有着不共戴天的深仇大恨，他的人生目的和价值就在于复仇。但是，等他回到家乡之后才发现，焦阎王已死。父仇子报、父债子偿的传统，使他将复仇的目标对准了焦阎王的儿子焦大星，并以“断子绝孙”的极端方式完成了复仇。但焦大星本人是无辜的，而且是仇虎从小的好朋友。因此，他的复仇又是非正义的。在这种复仇的疯狂中，仇虎自己也陷入了灵魂的分裂和挣扎。这是戏剧重心的转移，从外部的复仇行为转向了由复仇引发的内心矛盾，这也是曹禺“挣扎”主题的深化，由对外在命运的挣扎转向自身灵魂的“挣扎”。仇虎从一个追杀仇人的复仇者，变成了被追杀的杀人者，产生了震撼人心的悲剧效果。

剧中仇虎和金子是一对恋人，但他们的爱情是疯狂的，在仇虎和金子的爱情中，不难发现极其强烈的占有欲，读者可以看到，爱也可以如此痛苦，情人们如仇敌般互相折磨，在对方的肉体痛苦中享受爱的快感，显示了情欲的丰富深刻、自由和强悍。同时焦母、焦大星、金子等人物之间也充满着极端的感情，由彼此的爱导致相互的恨，陷入了无止境的嫉妒、怨恨的感情折磨，在折磨对方的过程中，自身也发生了感情的毒化、性格的扭曲。

《原野》剧中还写到人的灵性的升华，仇虎和金子始终有着向“天边外”飞的冲动。这是一个永远的梦，为了实现这个梦，仇虎和金子杀了人，犯了罪，付出了惨重的代价，但最终也没能实现。即使如此，也只有仇虎、金子才配去那永远也到不了的理想国。在曹禺看来，只有具有生命活力的“人”才会有这样的追求永远不能实现的理想的冲动。但是，这种来自人的本能的欲望追求，却被一种“人”所不能把握的神秘力量所扼制，这就形成了人的永恒的悲剧。结局尽管是悲剧，但人仍然在顽强地抗争和追求，如仇虎那样，在尸体倒下的前一刻，还在快意地狞笑着，这才是真正的生命的强者。曹禺戏剧本质上仍然是理想主义和英雄主义的。

《原野》采用了表现主义的技巧。表现主义既是一种美学理论，其核心是“直觉—表现”说；又是一种被包括在现代主义之内的文学潮流。它出现于一战后的德国，由美术领域扩展到文学戏剧领域，强调心灵真实和创造意识，重视体验，让人物在自身中显露真实本质，表现手法上会综合运用象征、变形、隐喻、幻觉、暗示、心理剖析、意识流等。《原野》受美国表现主义剧作家奥尼尔影响很大。如第三幕，仇虎杀人后逃入森林，从追杀者变成了被追杀者，产生了一系列幻觉，直至疯狂。这种心理转折就借鉴了奥尼尔的《琼斯皇》。在《琼斯皇》里，琼斯在土著识破了他的欺骗之后逃入森林，在越来越近的土著追赶的鼓声中，精神分裂，产生了种种幻觉。《原野》借鉴了《琼斯皇》用幽暗阴森的原始森林和歌声、鼓声、招魂声交织成一种拷问灵魂的紧张氛围。

第四节 曹禺戏剧的现代性

有学者指出，曹禺的现代性，不是表现为现代的颓废，而是充满了现代的焦虑，在他的创作意识中，几乎集中了生命的焦虑、人性的焦虑、社会的焦虑、都市的焦虑，乃至人类的焦虑、宇宙的焦虑……甚至可以说他的焦虑是与生俱来的。[①]现代性焦虑的内涵积淀为深刻的苦闷，构成巨大的情绪与意志的冲突，促使剧作家产生一种焦虑性幻想，并且升腾为艺术的想象，凝结成戏剧的意象和戏剧的情境。

曹禺的现代性焦虑，集中表现于对人、人性与人类的关怀上。人类的天性是复杂的，曹禺对于人和人类有着复杂而深刻的体认。他对于人类的存在的认识，处于一种充满矛盾的焦虑中，他爱人，爱人类；但他也恨人。他可怜他们，希望他们自由，但是他却恨他们偏偏自己捉弄着自己。从一种高蹈的形而上的观念出发，他对宇宙人生满怀悲悯之情，他说："写《雷雨》是一种情感的迫切的需要。我念起人类是怎样可怜的动物，带着踌躇满志的心情，仿佛是自己来主宰自己的命运，而时常不是自己来主宰着。受着自己——情感的或者理智的——的捉弄，一种不可知的力量的——机遇的，或者环境的——捉弄；生活在狭的笼里而洋洋地骄傲着，以为是徜徉在自由的天地里，称为万物之灵的人物不是做着最愚蠢的事吗？"从现实的存在的视角来观察人生，曹禺又对人类的弱点和命运的无奈满怀悲哀。在他看来，

① 宋宝珍：《残酷：曹禺戏剧的现代性解析》，《文学与文化》，2010 年第 4 期。

人类实在是可怜的动物，人是愚蠢的，是一种不能主宰自己命运却总是盲目奔突的动物，人类自身的存在就是悲剧的所在。在一个违反天道、“损不足以奉有余”的社会环境里，他也恨人，他说：“我更恨人群中一些冥顽不灵的自命为‘人’的这一类动物。他们偏若充耳无闻，不肯听旷野里那伟大的凄厉的唤声。他们闭着眼，情愿做地穴里的鼹鼠，避开阳光，鸵鸟似的把头插在愚蠢里。”

关键在于对宇宙人生，曹禺具有一种大悲悯的胸怀，甚至说一种大悲悯的哲学。

曹禺既有那种超乎常人的现代性焦虑，同时又有着超越这现代性焦虑的博大胸怀和宽广视野。在他大悲悯的情怀中，显然有着深刻的人文关怀，这并不是一般的人道主义所能概括的，在曹禺的人生观念中，有着中国传统哲学甚至佛学因素影响的痕迹。

几乎与阿尔托同时，曹禺走出了一条中国式的残酷戏剧的创作路子。虽然他没有提出过“残酷戏剧”的口号，但是他已经深切地感受着宇宙和世界的残酷，他的现代性焦虑都集中体现在其残酷的哲学和残酷的美学之中，一种残酷之美融化、凝结在他的剧作里。①

曹禺不是哲学家，却展示了一种对宇宙的哲学的美学的憧憬，因此他的悲剧感的构成绝不是局部的、个别的因素，也不是单纯的社会学的，而是对于世界、宇宙的“冷酷”“残忍”的整体的综合的感悟。他还描述了这个宇宙的特点：“在《雷雨》里，宇宙正像一口残酷的井，落在里面，怎样呼号也难逃这黑暗的坑。”天网恢恢，疏而不漏，不论是谁，也不论是在何时何地，都难以逃脱、无法抗拒这注定了的残酷的遭遇和悲惨的结局。在他展示的《雷雨》的世界中，周冲、四凤的死亡自然是宇宙“冷酷”的体现，而周萍、蘩漪、侍萍也是冷酷的吞噬物。而在《日出》中，陈白露、翠喜、小东西、黄省三的命运，更展现着现代的金钱制度、卖淫制度的罪恶。《原野》中的仇虎和金子的世界更是一个难以逃脱的漆黑的世界。

残酷，在曹禺的剧作中成为一种不言自明的美学原则，成为他揭示这世界的美的奥秘和发现美学新大陆的利器。现代主义戏剧有许多特点，而在美学上最突出

① 宋宝珍：《残酷：曹禺戏剧的现代性解析》，《文学与文化》，2010年第4期。

的特点就是它对于深层的、内在的、隐秘的精神世界的发现。残酷是曹禺的发现，由此点燃了他的灵魂，启发了他的感悟，使他发现了世界的隐秘，因此，在他的戏剧中，一种前人未曾发现的残酷之美被展示出来，具有残酷之美的灵魂，残酷之美的人和事，共同构成了曹禺戏剧所特有的悲剧美学内涵。

曹禺的剧作充满了象征的色彩，象征，已经超越了一般手法的意义，也超越了一般现实主义的范畴而成为他现代主义戏剧美学形态的有机组成部分。《雷雨》《日出》，表面看来是写实主义的，但是其表现主义的象征运用是具有内在结构性和体系性特点的。在《雷雨》中，“雷雨”具有丰富的象征意蕴：它象征“宇宙间的残酷”，也象征摧毁罪恶人世和罪恶制度的力量；雷雨既是整个戏剧的氛围，又是剧情的节奏，同时又是人物的性格和命运的象征。

《日出》看来仿佛是写实的，其实更像是一首诗。它的情境凸显于血迹斑斑却又金光闪闪的现象之中，而现象的背后却透视着人类的普遍伦理和永恒正义的公理，因此具有了审美的现代性。现代艺术的研究者约翰·加斯纳认为：“现代剧作家试图使现实与诗这两种可能的境界，都能够达到美的极致，或都力图使这两者能够浑然一致或相互叠替。”在《日出》中，曹禺所要探索的是一个罪恶的世界，甚至是禁域。无论是陈白露的豪华的客厅，还是翠喜所在的劣等妓院，在曹禺的艺术思维中都成为他精神冒险的地方。他像波德莱尔一样，在污秽中发现了“一颗金子般的心”，发现了“华丽的首饰中，恐怖熠熠生辉”。更富有哲理意味的是，曹禺发现了一个在现代的物的世界里辗转、沦落、沉溺的生命的悲剧，剧中的陈白露反复吟咏着这样的诗句：“太阳升起来了，黑暗留在后面，但是太阳不是我们的，我们要睡了。”这是一个生命的悖论，一个存在的悖论，也是一个现代性的悖论。单是这样的一个诗意的发现，就超越了一般意义上的现实主义所能够表现的美学规范。

参考文献

[1] 曹禺. 曹禺戏剧选[M]. 北京：人民文学出版社，1997.

[2] 田本相. 曹禺传[M]. 北京：北京十月文艺出版社，1988.

[3] 田本相，邹红. 海外学者论曹禺[M]. 桂林：广西师范大学出版社，2014.

［4］ 钱理群.大小舞台之间：曹禺戏剧新论[M].北京：北京大学出版社，2007.

［5］ 宋宝珍.残酷：曹禺戏剧的现代性解析[J].文学与文化，2010(4).

思考题

1. 试述《雷雨》和《日出》的戏剧结构之异同。

2. 试论陈白露的性格特征。

3. 在西学的背景下，如何理解曹禺戏剧所具有的现代性？

（孟庆澍）

第十讲 徐志摩的诗歌

第一节

传奇的诗性人生

第二节

徐志摩诗歌创作的艺术成就

第三节

诗的三美（上）：《再别康桥》导读

第四节

诗的三美（下）：《偶然》等诗作导读

“菱歌清唱棹舟回，树里南湖似鉴开。平障烟浮低落日，出溪路细长新苔。”这是唐朝诗人白居易在《登西山望硖石湖》一诗中描绘的硖石，硖石小城位于浙江海宁，这里青山如黛，绿水长流，物华天宝，人杰地灵。1897 年 1 月 15 日，中国现代诗人徐志摩出生于此。

第一节　传奇的诗性人生

徐志摩的父亲徐申如，是硖石的首富。徐志摩母亲钱慕英仁慈宽厚，童年时期的徐志摩在全家上上下下的宠爱中成长。1907 年，徐志摩入硖石开智学堂读书，他的古文才华显露，随后考入杭州府中学堂，也就是杭州一中，他的同学郁达夫也惊异于他的聪明才智，郁达夫曾特意撰文称赞徐志摩“真是一个淘气、可爱、能使人永久不会忘怀的顽皮孩子”①。

徐志摩

1913 年，在杭州府中校刊《友声》上，徐志摩发表了他的第一篇论文《论小说与社会之关系》，其卓然的文学才华得以显露。同年，徐志摩与名门闺秀张幼仪订婚，并于 1915 年底完婚。

1915 年，徐志摩来到北京，先在北京大学读预科，后攻读法律；在妻兄张君劢的介绍下，于 1918 年夏正式拜梁启超为师。1918 年 8 月 14 日，徐志摩乘轮船从上海赴美。航行中，他撰写了《启行赴美文》，在这篇文章中，他正式将名字由徐章垿改为徐志摩，这个名字满载着诗人“以天下为己任”和“我自己最高的野心是想做一

① 郁达夫：《怀四十岁的志摩》，《宇宙风》，1936 年第 8 期。

个中国的 Hamilton”(汉密尔顿,是美国开国元勋)的高远气魄。

在美国读书期间,徐志摩特别痴迷于西方哲学大师罗素,为了见到罗素,他决然放弃即将取得的哥伦比亚大学的博士学位,于 1920 年 9 月 24 日从美国横渡大西洋去往伦敦。他的这次转折,让中国少了一个政治经济学家,多了一个诗人、文人。

抵达伦敦后,不巧罗素到中国讲学。徐志摩开始在伦敦大学政治经济学院攻读博士学位,此间,他和不少文士进行交往,他们在徐志摩对文学的认识和创作上起到了潜移默化的作用。1921 年 10 月,徐志摩终于如愿以偿地拜见了罗素,并成为罗素家的常客,罗素的人生观、婚姻观以及个人的气质震撼了他的心灵。

1922 年 7 月,在离开英国之前,徐志摩与英国女作家曼殊斐儿会见,20 分钟的会晤,曼殊斐儿给徐志摩留下深刻的印象。1923 年 1 月 9 日,曼殊斐儿逝世,徐志摩作诗《哀曼殊斐儿》以表纪念:

我与你虽仅一度相见——
　但那二十分不死的时间!
谁能信你那仙姿灵态,
　竟已朝露似的永别人间?

非也! 生命只是个实体的幻梦:
　美丽的灵魂,永承上帝的爱宠;
三十年小住,只似昙花之偶现,
　泪花里我想见你笑归仙宫。

你记否伦敦约言,曼殊斐儿![①]

康桥的美激发了徐志摩心中的灵性,他开始步入文学殿堂。情感的孤独与美

① 徐志摩:《哀曼殊斐儿》,见《徐志摩诗全集》,上海:学林出版社,1992 年,第 121 页。

景的融合，个性的追求与现实的困顿使徐志摩在康河中沉淀了丰富的文学灵感。

1920 年秋，徐志摩认识了被他称为“人间没有这异样的神明”的才女林徽因，他深深地爱上了林徽因。如果没有遇到林徽因，他的诗才不会那么喷薄流溢，迅速达到诗歌创作的爆发期。

1922 年，离婚后的徐志摩离开欧洲，追逐林徽因回到北京，住在北京石虎胡同七号松坡图书馆，在这里，徐志摩凭着自己的热情、真诚，以及极具气场的组织能力，很快聚起一批社会名流和学者，1923 年起，“新月社”逐渐发展成形，颇具一定的影响力。

1924 年，印度诗人泰戈尔应邀来华访问，徐志摩全程陪同，还同行到日本访问，此时他创作了长诗《沙扬娜拉十八首》，其中《赠日本女郎》最经典。

最是那一低头的温柔，
　象一朵水莲花不胜凉风的娇羞，
道一声珍重，道一声珍重，
　那一声珍重里有蜜甜的忧愁——
　　沙扬娜拉！[①]

离别让人悲伤，却也是刻骨铭心的。诗人正是抓住了离别前的一个镜头，让时间凝结在这道别的一瞬。“最是那一低头的温柔”，女郎微合含情的双眸，低下了头，此时的她有道不尽的娇柔，作者将之比作“一朵水莲花不胜凉风的娇羞”，凉风吹过，洁白的“水莲花”娇羞地低下了头。既然离别已是注定，不如多留下些甜美的祝福吧，最后千言万语只化作一句“沙扬娜拉！”

当徐志摩在快乐地追寻理想的快乐，现实中林徽因与丈夫梁思成双双奔赴美国留学，情路迷茫的徐志摩只身一人在茫茫人海中，遇到了陆小曼，徐志摩和陆小曼的爱情几经周折，最终还是挣脱各方束缚走到一起，他将这段经历浓缩为诗作《偶然》。

---

① 徐志摩：《沙扬娜拉十八首》，见《徐志摩诗全集》，上海：学林出版社，1992 年，第 227 页。

1925 年 9 月底，徐志摩接手编辑《晨报副刊》。10 月 1 日，徐志摩编辑的《晨报副刊》开始出版，这让徐志摩做自己的刊物的愿望得以实现。1926 年 10 月 3 日，徐志摩与陆小曼的婚礼在北平北海举行。1926 年 10 月，随着大批文人离京，徐志摩辞掉了《晨报副刊》的差使，携陆小曼南下回到故乡硖石，为躲避战乱，随后逃到上海。

为了谋生，徐志摩一直都“身兼数职”。早在 1925 年还在北京时，徐志摩就在北京大学英文系给学生们讲课；在上海避乱期间，自 1927 年起，应上海光华大学的邀请，教授翻译和英文小说派别等课，并兼任东吴大学法学院英文教授；1929 年秋又兼任南京中央大学外文系教授。1927 年春，时局混乱下的北京学者成群结队地南下至上海，一时间新月社的成员们又团聚在以胡适、徐志摩为中心的“新月书店”里，北京的聚餐会形式也恢复起来。《新月》的创刊，给了徐志摩又一次“露棱角”的机会，此时徐志摩的心境，已和主持《晨报副刊》时相比更加成熟和稳重。1931 年 1 月，他与陈梦家等年轻诗人筹办了《诗刊》杂志，想继续编辑《晨报副刊》时期的集体探索，为新诗开路。

徐志摩与陆小曼的婚姻中，时常有龃龉发生，让徐志摩最难以接受的是陆小曼越来越重的烟瘾。这一切郁结于心中，徐志摩愈加苦闷。1928 年 6 月，徐志摩选择又一次出游欧洲，开启了近半年的环球旅行。

1928 年底，徐志摩结束了近半年的旅行，他充满希望地回到上海，却失望于陆小曼还是老样子，他唯有在教书中消磨时光。1930 年的一天，徐志摩在给赵家璧这个班的学生们上课时，他神采奕奕地给学生们讲述了自己第一次乘飞机的感受，亦如他在《云游》一诗中所表达的：

> 那天你翩翩的在空际云游，
> 自在，轻盈，你本不想停留
> 在天的哪方或地的哪角，
> 你的愉快是无拦阻的逍遥。
>
> 你更不经意在卑微的地面

有一流涧水，虽则你的明艳
在过路时点染了他的空灵，
使他惊醒，将你的倩影抱紧。

他抱紧的只是绵密的忧愁，
因为美不能在风光中静止；
他要，你已飞渡万重的山头，
去更阔大的湖海投射影子！

他在为你消瘦，那一流涧水，
在无能的盼望，盼望你飞回！[①]

这首诗创作后不久，1931 年 11 月 19 日，徐志摩遭遇空难。

噩耗传来，震惊了海内外，胡适连呼："天才横死，损失的是中国文学！"[②]他的朋友，没有一个不赞赏佩服他的才华和真诚洒脱的。穆木天评价：徐志摩是一个感性的人。他的一生，就是要实现"生活是艺术"的主张。他的感情，使他在苦痛中，在时代悲哀中实现他自己。他的感情的生产，就是他的诗歌。

第二节　徐志摩诗歌创作的艺术成就

在不同时代、不同读者中，徐志摩的诗都有让人耳熟能详的艺术魅力。在初期新诗发展的阵营中，朱自清曾高度评价过这位颇有争议的诗人，他特别指出"现代中国诗人，须首推徐志摩和郭沫若"。[③] 原因在于，他们都为中国新诗史提供了出

① 《献词》写于 1931 年 8 月之前，又名《云游》。徐志摩逝世后，陈梦家收拾遗诗，将此诗作为集名并编为首篇。徐志摩：《献词》，见《徐志摩诗全集》，上海：学林出版社，1992 年，第 562 页。

② 顾永棣：《徐志摩传奇》，上海：学林出版社，2004 年，第 253 页。

③ 陈从周：《徐志摩：年谱与评述》，上海：上海书店出版社，2008 年，第 7 页。

色鲜活的个性化的创作，他们都广泛地影响过同时期诗人的创作。

文学史家对徐志摩的评价历来不一，毁誉参半。20 世纪 80 年代初，洪子诚针对有关徐志摩不同的评价陈述了自己的看法，他认为："他的诗歌艺术，有时被说成是病态的、腐朽的、形式主义的，而在另一场合，又变成可供仿效的动人的楷模。""上述现象的产生，一方面与变化着的政治气候有关，不同的政治形势影响到评价标准的浮动，似乎很难避免，虽说实事求是的科学态度现在已得到前所未有的重视。另一方面，则是这个诗人本身在思想和艺术上存在着复杂的状况。人们往往取其所需的侧面。"

从 1921 年底创作《草上的露珠儿》到 1931 年止，徐志摩发表约 280 首诗，其生前身后，共有四本诗集行世：《志摩的诗》(1925)、《翡冷翠的一夜》(1927)、《猛虎集》(1931)、《云游》(1932)。前三个集子是他自己编辑的，最后一个是他去世之后，由友人们编订。

在这四本诗集中，影响最大、收录作品最多、最受批评家关注的，是他的第一本诗集《志摩的诗》，他主要的诗歌风格、语言表现力、创造力和探索精神，在这本集子里都已基本呈现。《志摩的诗》于 1925 年 8 月由上海中华书局出版，其诗大多是徐志摩 1922 年从英国留学回国后两年内写成的，包括《雪花的快乐》《她是睡着了》《沙扬娜拉十八首》《在那山道旁》《夜半松风》《沪杭车中》等。这部诗集的出版，让徐志摩声名鹊起，奠定了他在中国新诗史上的独特地位。

诗集的内容主要反映了徐志摩从海外归来后一些主要的思想，倾注了诗人青春澎湃的激情，主要涉及以下几个方面：

(1) 对理想孜孜不倦地追求。譬如《为要寻一颗明星》中写道："我骑着一匹拐腿的瞎马，/向着黑夜里加鞭。"这首诗不同于广为流行的《再别康桥》和《沙扬娜拉十八首》，诗人说这首诗"有它独自知道的悲哀与伤痛的鲜明"。它渗透着一种悲凉，这种悲凉是一种至深的忧郁和悲愤，也折射出当时像徐志摩那样的"五四"一代青年知识分子的内心的焦虑，"在黑夜里加鞭"的黑骑士不断地向前行，"为要寻一颗明星"孜孜不悔地追求，这首诗展现出徐志摩思想和艺术融合的完美结晶。

(2) 反映社会的黑暗以及劳动人民的疾苦。《太平景象》等诗均表现了诗人对严酷的现实环境的愤懑与不满，也流露出他的人道主义情怀。

（3）对爱情的赞美和对自由恋爱的向往。他对纯洁的爱情有着深刻的体悟，比如《在那山道旁》抒写了初恋的美好以及“分离”的伤感，情感细腻、耐人寻味。同时，徐志摩常常在爱情诗中穿插对自然景物的描摹，营造优美的意境，在情景交融中升华情感，《沙扬娜拉十八首》《雪花的快乐》等经典诗歌都收录在里面。

在诗歌艺术方面，《志摩的诗》“几乎全是体制的输入和实验”①。充分体现出徐志摩在诗体实验方面的努力，和诗歌艺术方面探索的痕迹。从这部诗集中，我们可以看到，徐志摩的诗字句清新，韵律谐和，比喻新奇，想象丰富，意境优美，神思飘逸，富于变化，并于艺术形式的整饬中追求华美。

徐志摩的语言功力极高，他善于运用自己对语言的敏感直觉，运用现代白话语言，将西方的长诗、短诗、自由诗、散文诗杂糅在一起，同新月派的同人们一起倡导新格律，创新诗歌的形式，可以说，《志摩的诗》是徐志摩对中国现代诗坛的一个必不可少的贡献，徐志摩因此获得了不少夸赞，这也使徐志摩成为继郭沫若之后又一位伟大的浪漫诗人。

徐志摩的第二本诗集《翡冷翠的一夜》，写于 1925 年至 1926 年，1927 年由新月书店出版。徐志摩和陆小曼的恋爱曾招致社会的非议和家庭的反对，为摆脱这些烦恼，他曾在意大利的翡冷翠（即佛罗伦萨）住了一段时间，同时将他的伤悲，他的感触，托付纸笔，写了不少诗作，因此，这部诗集就题名为《翡冷翠的一夜》。

在诗集中，他的思想起了“波折”，不少诗篇失去乐观调子，相反染上了一层忧郁、失望、逃避现实的颓废色彩。他诅咒生活，赞颂死亡，要辞别人间去殉恋爱。徐志摩在诗集中所用手法多样，他的诗比较含蓄，但不流于晦涩，他长于想象，善用比喻，多用暗示而不直说，耐人寻味。

从诗歌的艺术特质看，徐志摩在写《翡冷翠的一夜》后，更多地注意技巧和形式，侧重于使诗歌的形式和神韵和谐统一。

1931 年，徐志摩自编了第三本诗集《猛虎集》，其用意是总结一下近几年的创作。本来，他才高气盛、诗风洒脱，早年写诗如山洪暴发，如花雨缤纷，诗思随意自

---

① 陈西滢：《西滢闲话》，上海：上海书店出版社，1982 年，第 342 页。

流；即便是在和陆小曼相恋的两年里，状态也不错。然而，《猛虎集》的出版却并不容易。

几年来，生活的平凡、窘迫，已使徐志摩焦头烂额，诗的产量也跟着"向瘦小里耗"，每年平均不过十首。在《猛虎集》中，徐志摩写诗的技巧无疑更炉火纯青；他的诗风也更趋深沉、节制，由"单纯的信仰"流入了"怀疑的颓废"，一种悲观、厌世的情绪，开始弥漫在他的字里行间。

第四部诗集《云游》在徐志摩逝世之后，应邵洵美之邀，由陈梦家编选，收录了徐志摩"没有入集的诗"。大多数诗歌创作于20世纪30年代初徐志摩逝世以前，反映了诗人后期创作的艺术成就。书前有陆小曼作的《序》。

在一个政治环境动荡不安、文人逐渐分化的时代里，徐志摩时常在诗中流露出悲观绝望的情绪，譬如《爱的灵感》一诗，"我只等待死，等待黑暗"这类诗句在徐志摩前期以清新明丽为主导色彩的诗歌作品中十分少见。诗集中也有一些爱情诗，但这些爱情诗并非单纯描写爱情，也呈现出诗人情感的不同侧面。

其中，《云游》一诗表达了诗人由幻灭走向"真的复活"，由理想破灭走向超然的洒脱。他看透人世间的生死与偶然，于诗句中发出对灵魂的追问与对生命存在意义的质询，与早期对生命、自然、人性的赞美的"青春型"写作形成了较为鲜明的对比。

在艺术上，这些诗歌体现出他追求诗歌格律的精巧严谨、形式整饬的诗学主张，有些诗作明显受到欧洲十四行诗的影响。同时，这本诗集也体现了徐志摩的创造性探索。他向西方象征主义汲取灵感，象征的艺术手法和意象的使用使得诗歌闪烁出瑰奇朦胧的色彩，"死人的坟""荒野""破烂的庙"（《火车擒住轨》）这些意象闪烁着波德莱尔《恶之花》的影子。

诗人凭借新奇的想象力和比喻等修辞手法，偏离了日常生活经验，比如《一九三〇年春》呈现了一种动态展开的想象空间，在短短的四句诗中，诗人将声音、动作聚合成对春天的呼唤，也折射出诗人试图在梦幻中寻求解脱的超然心境。

对徐志摩其人，朱自清认为他如同"跳着溅着不舍昼夜的一道生命水"[①]。胡

---

① 朱自清：《中国新文学大系·诗集》（影印本），上海：上海文艺出版社，2003年，第7页。

适则有如下评价:“他的人生观真是一种‘单纯信仰’,这里面只有三个大字:一个是爱,一个是自由,一个是美。他梦想这三个理想的条件能够会合在一个人生里,这是他的‘单纯信仰’。他的一生的历史,只是他追求这个‘单纯信仰’的实现的历史。”

诚然,这“三个大字”不仅体现在徐志摩的诗作中,在其散文、小说、戏剧和日记中均有所体现。除了四部诗集,徐志摩一生还著有散文集《落叶》《自剖》《巴黎的鳞爪》《秋》,小说《轮盘》,戏剧《卞昆冈》(与陆小曼合写),日记《爱眉小札》《志摩日记》,译著《曼殊斐儿小说集》等。在文学创作和文学活动方面,他的诗歌、散文成就和新月派的影响力永久地刻印在中国现代文学的长廊上,熠熠生辉。

第三节　诗的三美(上):《再别康桥》导读

作为新月派的代表人物之一,徐志摩不仅极力推崇闻一多提出的新诗格律化的三美主张,而且在创作中努力去践行。

《再别康桥》导读(视频)

轻轻的我走了,
　正如我轻轻的来;
我轻轻的招手,
　作别西天的云彩。

那河畔的金柳,
　是夕阳中的新娘;
波光里的艳影,
　在我的心头荡漾。

软泥上的青荇,
　油油的在水底招摇;

在康河的柔波里，
　我甘心做一条水草！

那榆荫下的一潭，
　不是清泉，是天上虹；
揉碎在浮藻间，
　沉淀着彩虹似的梦。

寻梦？撑一支长篙，
　向青草更青处漫溯，
满载一船星辉，
　在星辉斑斓里放歌。

但我不能放歌，
　悄悄是别离的笙箫；
夏虫也为我沉默，
　沉默是今晚的康桥！

悄悄的我走了，
　正如我悄悄的来；
我挥一挥衣袖，
　不带走一片云彩。[①]

《再别康桥》是徐志摩的名篇之一，创作于 1928 年 11 月 6 日，最初发表于 1928 年 12 月《新月》月刊第 1 卷 10 号上，后来被收入《猛虎集》中。

康桥即剑桥，徐志摩 1921 年赴剑桥大学留学，这段经历成为其人生中的一大

① 徐志摩：《再别康桥》，见《徐志摩诗全集》，上海：学林出版社，1992 年，第 488 页。

转折。他沐浴在英国文明中，形成了“爱、美与自由”的人格结构和人生理想，“康桥”因此成为他理想的象征物。

当徐志摩再次来到魂牵梦萦的剑桥，漫步于寂静的校园，怀念逝去的美好岁月时，他感到斗转星移，物是人非，满腔的热情和对母校的眷恋之情无法倾诉，怅然若失的徐志摩于 1928 年 11 月 6 日在归途中挥笔写下了享誉诗坛的《再别康桥》。

1926 年，徐志摩重游剑桥。1928 年，徐志摩第三次造访剑桥。题为《再别康桥》是因为 1922 年 8 月离英前夕，徐志摩已经创作了一首《康桥，再会吧》，“再”字的用意即在于此。

诗歌第一节奠定了全诗“离别”的情感基调。第二、第三、第四节描绘康桥的自然美，选取了“金柳”“青荇”“潭水”三个核心意象，在动与静、虚与实之间描绘着梦幻般画面，同时，诗人也将自己对康桥的眷恋浸透在诗句里，可谓“一切景语皆情语”。

第五、第六节分别写寻梦与现实的沉默击破美梦的两种状态，通过一个“但”字，诗人由梦幻走向现实，只能在“沉默”中与康桥融为一体，渗透着诗人淡淡的惆怅。第七节与第一节形成呼应，诗人将上一节急剧飞升的情绪冷却、升华，诗人以平静的语调与康桥告别，相比第一节而言情感更加深沉、内敛。诗人将情与景交织在一起，通过运思展现了其情感流转的过程，他将对康桥的眷恋、对理想的坚守、对现实的无奈都杂糅进了这首诗中。

在艺术上，首先，诗歌构思精巧，这首诗为读者呈现出一个立体的情感空间，在情感起伏之间通过句式重复和词语微妙转换，使诗人的情绪得以自由流淌。其次，这首诗典型地表现出新月派的三美主张：

其一，践行了诗歌的音乐美。在诗的三美主张中，闻一多和徐志摩都尤为强调并重视诗的音乐美。徐志摩诗歌的音乐美主要是通过抑扬顿挫的节奏、多变的音韵和参差的诗行来实现的，就像起伏变化的音乐，有一唱三叹回环之感。

《再别康桥》这首诗读起来朗朗上口，全诗讲究音节的押韵，该诗的韵脚为：来，彩；娘，漾；摇，草；虹，梦；溯，歌；箫，桥；来，彩。整首诗韵律和谐，节奏感强，每节诗偶句押韵，每行诗由三个音节组成，音节或由二字尺、三字尺组成，或由一字尺、四字尺组成，节奏如同撑船的人缓缓行进，可以鲜明地感受到音节的错落有致，极富音乐美；音节上惯用回环复沓的节奏，首节和末节，语意相似，节奏相同，构成回环呼应的结构形式。

其二，诗的绘画美是指诗的语言多选用有色彩的词语。《再别康桥》大量运用描写色彩的辞藻，营造出油画般的意境，具有色彩美；全诗中选用了“云彩，金柳，夕阳，波光，艳影，青荇，彩虹，青草”等词语，给读者视觉上的色彩想象，同时也表达了作者对康桥的一片深情。

全诗共七节，几乎每一节都包含一个可以画得出的画面。如向西天的云彩轻轻招手作别，河畔的金柳倒映在康河里摇曳多姿，康河水底的水草在招摇着似乎有话对诗人说……作者通过动作性很强的词语，如“招手”“荡漾”“招摇”“揉碎”“漫溯”“挥一挥”，使每一节诗都富有流动的画面美，给人以立体感。

其三，《再别康桥》结构整饬。全诗共七节，每节四行，且字数相当，但在整齐中富于变化，全诗系长节矩形块，隔行退格的形式极具建筑美。另外，这首诗意象新颖、比喻奇警，在语言的运用上也达到了高超的艺术水准。

综上，我们可以看到，徐志摩的诗最富有魅力之处就是诗歌的性灵，他认为，人们的性灵受到现实中各种因素的影响，被蒙蔽和扭曲了。而未被污染的大自然和纯美的爱情会使人回到纯净的本性之美中。他的很多诗歌都是讴歌大自然，祈望从大自然中寻找这种理想的支点。《再别康桥》是一首经典的性灵之作。

第四节　诗的三美（下）：《偶然》等诗作导读

闻一多提出，新诗的格律化指非常重视诗歌的节奏，他认为“节奏便是格律”，他要求每个诗句中音节的数量应相等。在此基础上，徐志摩进一步指出诗歌的内在音节的重要性，徐志摩认为：“……明白了诗的生命是在它的内在的音节（Internal rhythm）的道理，我们才能领会到诗的真的趣味；不论思想怎样高尚，情绪怎样热烈，你得拿来澈底的‘音乐化’（那就是诗化），才能取得诗的认识……”[①]

① 谢冕：《徐志摩名作欣赏》，北京：中国和平出版社，2001 年，第 92 页。

他的这一观念在《偶然》一诗中得以展现：

我是天空里的一片云，
偶尔投影在你的波心——
　　你不必讶异，
　　更无须欢喜
在转瞬间消灭了踪影。

你我相逢在黑夜的海上，
你有你的，我有我的，方向；
　　你记得也好，
　　最好你忘掉，
在这交会时互放的光亮！①

《偶然》写于 1926 年 5 月，初载于《晨报副刊 · 诗镌》第九期(5 月 27 日)，它是徐志摩和陆小曼合写剧本《卞昆冈》第五幕里老瞎子的唱词。它在徐志摩诗美追求的历程中，还具有独特的转折性意义。这首诗也是诗人生平最喜爱的一首，被视为徐志摩人生历程意象化的浓缩，其独特的艺术魅力在于诗歌内部存在的情感、思想和形式等诸多方面的艺术张力。

诗人把“偶然”这样一个极为抽象的时间副词，置入象征性的结构，使之形象化、深刻化，充满情趣哲理，不仅朗朗上口而且余味无穷，这首两段十行的小诗，在现代诗歌长廊中，堪称别具一格之作。

这首诗既有总体象征，又有局部性意象象征，诗人在抽象的标题下，刻绘了云投影在水上、“你”“我”相逢在黑夜的海上两个具体的画面，这是抽象和具体的张力；诗中的意象“你”与“我”、“黑夜”与“光亮”均是相互映衬补充的意象；“你”和“我”作为两个独立的生命个体，偶然间相遇在海上，两颗孤寂的心刹那发生碰撞，

① 徐志摩：《偶然》，见《徐志摩诗全集》，上海：学林出版社，1992 年，第 433 页。

成为彼此的慰藉，诸多意象之间的张力营构了一个多层立体的诗意空间，意蕴深沉而又飘逸灵动，具有强烈的艺术感染力。

这首诗结构上的张力尤其独特。在形式上，既借鉴了英诗的押韵方式，又结合了中国古典诗歌的和谐均齐。进一步研究我们会发现，上下两节中每一节对应诗句的音尺数相同，诗绪的起伏波动包含在诗的内在音节中，非常巧妙。

按徐志摩的学生，著名诗人卞之琳的说法："这首诗在作者诗中是在形式上最完美的一首。"①诗人陈梦家也认为，《偶然》"抹去了他以前的火气，用整齐柔丽清爽的诗句，来写那微妙的灵魂的秘密"。

徐志摩对诗的三美主张的践行还体现在《雪花的快乐》《我不知道风是在哪个方向吹》《石虎胡同七号》《先生！先生！》等诗作中。

假若我是一朵雪花，
翩翩的在半空里潇洒，
　　我一定认清我的方向——
　　飞飏，飞飏，飞飏，——
这地面上有我的方向。

不去那冷寞的幽谷，
不去那凄清的山麓，
　也不上荒街去惆怅——
　飞飏，飞飏，飞飏，——
你看，我有我的方向！

在半空里娟娟的飞舞，
认明了那清幽的住处，
　等着她来花园里探望——

① 徐志摩：《徐志摩诗集》，成都：四川人民出版社，1981年，第4页。

飞飏，飞飏，飞飏，——
啊，她身上有朱砂梅的清香！

那时我凭借我的身轻，
盈盈的，沾住了她的衣襟，
贴近她柔波似的心胸——
消溶，消溶，消溶——
溶入了她柔波似的心胸！①

《雪花的快乐》写于1924年，诗人用雪花影射自己灵魂的选择，体现了诗人对自由、理想和爱情的追求。雪花的快乐是热烈、清新而富有灵性的，它真挚而自然，真切地表达了诗人对一切美好事物的执着追求，在追求美的过程中诗人充分享受着选择的自由，坚定而欢快的执着。

该诗每节的第四行或用“飞飏”，或用“消溶”，词句反复，节奏跳跃，且韵脚上扬响亮，呈现出一种轻柔曼妙、飘逸飞动的艺术美，诗人的情感从而得到升华。诗人的情感是单纯飘逸的，他个人的快乐、痛苦、忧郁，个人的愤懑都倾注其中。《雪花的快乐》与《再别康桥》《我不知道风是在哪个方向吹》内在的脉络关联承接，正应和了茅盾所说的“不是徐志摩，做不出这首诗”。

我不知道风
是在哪一个方向吹——
我是在梦中，
在梦的轻波里依洄。

我不知道风
是在哪一个方向吹——

① 徐志摩：《雪花的快乐》，见《徐志摩诗全集》，上海：学林出版社，1992年，第279—280页。

我是在梦中，
她的温存，我的迷醉。

我不知道风
是在哪一个方向吹——
我是在梦中，
甜美是梦里的光辉。

我不知道风
是在哪一个方向吹——
我是在梦中，
她的负心，我的伤悲。

我不知道风
是在哪一个方向吹——
我是在梦中，
在梦的悲哀里心碎！

我不知道风
是在哪一个方向吹——
我是在梦中，
黯淡是梦里的光辉。[①]

这首诗“圆熟的外形，配着淡到几乎没有的内容”，也是徐志摩的“标签”之作。1928年前后是徐志摩人生、思想最低沉的时期，现实生活的压力、陆小曼的洋场奢

① 徐志摩：《我不知道风是在哪个方向吹》，见《徐志摩诗全集》，上海：学林出版社，1992年，第464—465页。

华让徐志摩内心非常苦恼，在这种情境下，他创作了《我不知道风是在哪个方向吹》一诗。该诗将个人情感与政治理想的迷茫、摇摆之情展现无余。

全诗共六节，每节的前三句相同，辗转反复，余音袅袅，诗人借用这一旋律，把对美丽爱情（同陆小曼）的幻灭感比喻为“我不知道风是在哪一个方向吹”，既渲染了“梦”的氛围，也表达了诗人的生命追求与诗歌观念。徐志摩追求最高的诗歌理想是“回复天性”“回到生命本体中去”，诚如诗人自己所说：“生命是一切理想的根源，它那无限而有规律的创造性给我们在心灵的活动上一个强大的灵感。它不仅暗示我们，逼迫我们，永远望创造的、生命的方向上走，它并且启示我们的想象。……我们最高的努力目标是与生命本体相绵延的，是超越死线的，是与天外的群星相感召的。”①

除了上面鉴赏的几首诗，徐志摩的很多诗作都彰显了诗歌的建筑美，比如《先生！先生！》每行齐头，从后面看多有参差，形成一个错落的美感；《石虎胡同七号》呈长节矩形块，隔行退格，在形式上均应和了新诗建筑美。

徐志摩曾说过：“诗的难处不单是他的外形，也不单是他的神韵，你得把神韵化进形式去，像颜色化入水，又得把形式表现神韵，像玲珑的香水瓶子盛香水。”通过对徐志摩的生平、艺术成就和代表诗作的讲析，我们可以看到，徐志摩的诗是浪漫的，是诗化生活的外现，是对爱、自由、美的追求，是对假、恶、丑的愤慨，诗里都是其真情实感和真实生活的艺术记录。同时，徐志摩的诗又是优美灵动、潇洒飘逸、明丽柔美的，他的一生都在热烈地追求着人与自然的和谐，他那活泼好动、空灵洒脱、不受羁绊的创作才华，形成极为独特的浪漫而飘逸的风格，近一个世纪过去了，徐志摩其人其诗依然在中国现代诗坛上卓然而立。

参考文献

[1] 韩石山. 徐志摩传[M]. 北京：北京十月文艺出版社，2001.

[2] 吴希华，宋玉华. 独步的文学人：解读徐志摩[M]. 北京：中国文联出版社，2006.

---

① 谢冕：《徐志摩名作欣赏》，北京：中国和平出版社，1993 年，第 108 页。

［3］ 谢冕.徐志摩名作欣赏[M].北京：中国和平出版社，2001.
［4］ 孙晓娅.读懂徐志摩[M].南宁：广西人民出版社，2014.
［5］ 姜涛.图本徐志摩传[M].长春：长春出版社，2015.
［6］ 茅盾.徐志摩论[J].现代，1933，2(4).
［7］ 邵华强.徐志摩研究资料[M].北京：知识产权出版社，2011.

思考题

《再别康桥》是如何践行作者的诗歌三美主张的？

（孙晓娅）

第十一讲 周作人的小品文

第一节

小品文笔调

第二节

街头终日听谈鬼

第三节

且谈草木虫鱼

第四节

故乡的风物

《谈龙集》

引言（视频）

1922 年，胡适梳理中国近代文学的变迁，称白话散文取得很大的进步。“五四”文学革命以来，散文方面最可注意的发展，便是周作人提倡的“小品散文”。这一类的小品文，用平淡的谈话，包藏着深刻的意味，看似笨拙，实则滑稽。胡适认为，“小品散文”的成功，可以彻底打破“美文”不能用白话的迷信（《五十年来中国之文学》）。由此可知，周作人在现代散文史上具有重要地位。

1927 年，朱自清总结“小品散文”发展的态势，出现了种种的样式，种种的流派。就思想倾向而言，有中国名士风，有外国绅士风，有隐士，有叛徒。就表现手法而言，或描写，或讽刺，或委曲，或缜密，或劲健，或绮丽，或洗练，或流动，或含蓄，可谓绚烂至极（《论现代中国的小品散文》）。在诸多的样式与流派中，鲁迅与周作人两兄弟的文章别具一格，影响深远。

20 世纪 30 年代，郁达夫编选《中国新文学大系》的散文集，总结 1917 年至 1927 年间，即现代文学第一个十年，散文方面取得的成绩。其中鲁迅、周作人两兄弟的文章，占了一半以上的篇幅。郁达夫宣称，中国现代散文的成绩，以鲁迅、周作人两位最丰富、最伟大。换句话说，周氏兄弟的文章与思想，是现代文学史上难以企及的两座高峰。

鲁迅、周作人两兄弟前半生的生活轨迹，有许多交叉重叠的地方；但他们日后却形成了极不同的文章风格。用郁达夫的说法，鲁迅的文体简练得像一把匕首，能以寸铁杀人，一刀见血。与此相反，周作人的文风，舒徐自在，信笔所至，看似散漫，但仔细一读，却觉得他的漫谈，句句含有分量。概而言之，鲁迅的文字是有金属感的；周作人的文字则像一道流水，不断漫延开去，又有它的行程与方向。

舒芜认为周作人的散文有一种“盈科而后进”之美。周作人评论他的弟子废名的文章说："这好像一道流水，大约总是向东去朝宗于海，他流过的地方，凡有汉港湾曲，总得灌注潆洄一番，有什么岩石水草，总要披拂抚弄一下子才再往前去，这都不是他的行程的主脑，但除去了这些也就别无行程了。"这些话用来形容周作人自己的文章亦恰如其分。

周作人把自己的文章分成两大类：一类是谈吃茶喝酒、谈草木虫鱼、谈风土人情等，他称之为"闲适文章"；另一类则关怀国计民生，属于社会批评、文明批评，他称之为"正经文章"。这两类文章中，更有周作人自家面目，长期受读者追捧的，还是谈吃茶喝酒与草木虫鱼等的"闲适文章"。当然，周作人所谓的"闲适文章"与"正经文章"并不能截然二分，《知堂文集》中也有用闲适笔调写作的正经文章。

周作人"闲适文章"的代表作，当属收入《雨天的书》这本文集中的一篇，名为《喝茶》：

> 喝茶当于瓦屋纸窗之下，清泉绿茶，用素雅的陶瓷茶具，同二三人共饮，得半日之闲，可抵十年的尘梦。喝茶之后，再去继续修各人的胜业，无论为名为利，都无不可，但偶然的片刻优游乃正亦断不可少。[①]

瓦屋纸窗、清泉绿茶，再伴以二三好友，周作人所谓的"闲适"，乃是一种生活的艺术，或者说，一种相对超脱的人生姿态。就像他在《北京的茶食》一文中所说的："我们于日用必需的东西以外，必须还有一点无用的游戏与享乐，生活才觉得有意思。我们看夕阳，看秋河，看花，听雨，闻香，喝不求解渴的酒，吃不求饱的点心，都是生活上必要的。"

第一节　小品文笔调

周作人提倡的"小品散文"，究竟是一种怎样的文体呢？散文家梁遇春认为，小

① 周作人：《喝茶》，见《周作人小品文全集》，长春：时代文艺出版社，2000 年，第 152 页。

品文是用轻松的文笔，随随便便地来谈人生，好像是茶余酒后的闲谈，不用摆出冠冕堂皇的样子。小品文的妙处正在于我们能够从一个有个性的作者的眼睛去看一看人生(《小品文选序》)。

20 世纪 30 年代宣扬小品文最有力的人是林语堂。林语堂认为小品文就是西方文学中的“个人笔调”(personal style)，又称为 familiar style，或译作“闲适笔调”。在林语堂看来，小品文其实是一种纸面上的闲谈娓语。作者把读者当成自己的老朋友，写文章就好比与老友促膝谈心(《论小品文笔调》)。林语堂把现代散文分为“说理”与“言情”两派。说理文似教授在讲台上的演讲，言情文似好朋友在密室中的闲谈。

> 换句话说，说理文如奉旨出巡，声势煊赫；言情文如野老散游，即景行乐，时或不免惹了野草闲花，逢场作戏。(林语堂《小品文之遗绪》)①

跟小品文笔调相反的，是讲义体、教科书体、学术论文体。教科书的腔调，我们都领教过。而理想的小品文，背后有一双洞察世事的眼睛，藏着一位有趣的作者，你想和他交朋友。“读其文如闻其声，听其声如见其人”，这便是理想的小品文。舒芜指出，周作人散文(和读者的关系)，大多是朋友之间的漫谈，而不是站在讲坛上说话。读者感受到的是平等亲切，而不是仰头瞻望或俯首崇拜。

小品文在 20 世纪 20 年代至 30 年代的成功，有一定的历史渊源。周作人在《重刊〈陶庵梦忆〉序》中指出，在新文学的四大部类中，现代散文受外国影响最小。小品文与其说是文学革命的产物，还不如说是文艺复兴的产物。

> 现代的散文好像是一条湮没在沙土下的河水，多少年后又在下流被掘了出来，这是一条古河，却又是新的。……这风致是属于中国文学的，是那样地旧而又这样地新。(周作人《〈杂拌儿〉跋》)②

---

① 林语堂：《小品文之遗绪》，见《林语堂作品精选》，武汉：长江文艺出版社，2008 年，第 546 页。
② 周作人：《〈杂拌儿〉跋》，见《周作人小品文全集》，长春：时代文艺出版社，2000 年，第 256—257 页。

除了历史渊源，小品文的发展与现代文学的传播媒介密切相关。小品文与报纸副刊、杂志等定期出版物是相辅相成的。小品文的发展，同近代以来定期出版物的盛行相关。因为定期出版物篇幅有限，最适合刊登短而耐读的小品文字，而小品文的冲淡闲适，也符合报刊读者的阅读趣味与阅读状态。可以说，新文坛上有了《晨报副刊》，有了《语丝》，才有鲁迅的“杂感”以及周作人的小品文（参见梁遇春《小品文选序》）。

小品文对媒介的依赖性，在所谓“语丝体”上体现得尤为明显。《语丝》作为一个同人刊物，它的办刊宗旨是，用自己的钱，说自己的话，追求自由思想、独立判断和美的生活。其作者群包括鲁迅、周作人、林语堂、钱玄同、刘半农等。可以说《语丝》为20世纪30年代的主要小品文杂志提供了作者队伍及编辑骨干。《语丝》上的文章，以辛辣、深刻、带有讽刺意味的批评文为主。其文体特点，用周氏兄弟的话说，是“任意而谈，无所顾忌”，“古今并谈，庄谐杂出”。周作人对“语丝体”的定义是：一班“不伦不类”的人，借《语丝》这个“自己的园地”，发表“不伦不类”的文章与思想。

周作人散文涉及的话题相当丰富，这里只着重介绍三类比较别致的文章：第一类是谈鬼的文章，看他如何剖析“人里边的鬼”，以及“鬼里边的人”；第二类是“草木虫鱼”系列，看他如何谈苍蝇、虱子这些不洁之物；第三类是关于故乡风物的文章。

值得注意的是，20世纪30年代周作人形成一种独特的文体，他喜欢在自家文章中大段征引古书或抄录他人的论述，即所谓“文抄公”体。在《苦竹杂记》后记中，周作人宣称自己只能写杂文，又大半是抄书，与所谓“文抄公”相去不远。周作人以为，抄书并不比创作容易，天下的书如此之多，抄什么不抄什么，全凭作者的思想态度与文章趣味。周作人“抄书”的标准似宽实严：不问古今中外，思想上兼具健全的物理与深厚的人情，文体上兼具散文的朴实与骈文的华美。

第二节　街头终日听谈鬼

夏济安在《鲁迅世界的黑暗面》一文中指出，鲁迅所处的时代是一个过渡期，在光明与黑暗之间，还有无数深深浅浅的灰，好比暮色中藏匿着鬼影，稍不留意，它们便消逝在等待黎明的焦躁中。鲁迅就是黎明前这暮色里的记录者。鲁迅笔下最摄人心魂的鬼，要数绍兴目连戏中的女吊。他这样介绍女吊的出场：

> 自然先有悲凉的喇叭；少顷，门幕一掀，她出场了。大红衫子，黑色长背心，长发蓬松，颈挂两条纸锭，垂头，垂手，弯弯曲曲的走一个全台，内行人说：这是走了一个"心"字。……
>
> 她将披着的头发向后一抖，人这才看清了脸孔：石灰一样白的圆脸，漆黑的浓眉，乌黑的眼眶，猩红的嘴唇。……她两肩微耸，四顾，倾听，似惊，似喜，似怒，终于发出悲哀的声音，慢慢地唱道：
>
> "奴奴本是杨家女，
>
> 呵呀，苦呀，天哪！……"①

除了讨替代的女吊，鲁迅还偏爱活泼而诙谐的无常。活无常在目连戏中的装扮也很特别，浑身雪白，头上一顶白纸的高帽子，手里拿着把破芭蕉扇，粉面朱唇，双眉紧锁，眉黑如漆，不知道他是在笑还是哭。在鲁迅的乡土记忆里，无常是"鬼而人，理而情，可怖而可爱"的一个形象。

周作人对鬼这类事物也有特殊兴趣，他有一句打油诗云"街头终日听谈鬼"，由此借来作为这一节的标题。在他看来，鬼是极有趣味也极有意义的东西。他喜欢从历史文献或地方风俗中，去搜求鬼的情状与生活，从中了解一点平常不易知道的人情，换句话说，就是为了看清"鬼里边的人"。反过来说，人世间的各种鬼魅伎俩也同样值得注意，为的是认识"人里边的鬼"(《说鬼》，收入《苦竹杂记》)。因此我们读周作人说鬼的文章，不妨从两方面着眼，一是关注"鬼里边的人"，二要当心"人里边的鬼"。

所谓"人里边的鬼"，在周作人这里，带有历史循环论的色彩。他常说太阳底下无新事，一切都要从头再来。易卜生有一出戏剧，讲遗传的力量如何可怕，祖先的

---

① 鲁迅：《女吊》，见《鲁迅全集：第六卷》，北京：人民文学出版社，2005 年，第 641 页。

坏思想、坏行为，会在子孙身上重现，好像僵尸一样。易卜生的这出戏名为《群鬼》，周作人认为不妨译为“重来”，因为活人身上附有死鬼，一切都要重新来过（《重来》）。如何驱逐活人身上的死鬼？在周作人看来，历史是让死鬼显出原形的照妖镜。历史能揭去我们眼上的鳞片，看到千百年前的黑影如何投射到当下的现实生活中，意识到依附在活人身上的死鬼的力量。

我们再来观察“鬼里边的人”。周作人发现清代文人的笔记中，对于鬼的样貌、颜色，乃至高矮胖瘦，都有十分具体的想象：

> 黄铁如者名楷，能文，善视鬼，并知鬼事。据云，每至人家，见其鬼香灰色则平安无事，如有将落之家，则鬼多淡黄色。又云，鬼长不过二尺余，如鬼能修善则日长，可与人等，或为淫厉，渐短渐灭，至有仅存二眼旋转地上者。亦奇矣。[①]（俞少轩《高辛砚斋杂著》，转引自周作人《说鬼》）

善于看鬼的人，能从鬼的颜色判断家道的兴衰。据说鬼的身长是不断变化的，如果行善就会不断长高，与人相差无几；若作恶，就会越来越短，最后只剩下两颗眼珠子在地上打转。我们不得不佩服古人的想象力。

鬼并不都是可怕的，周作人笔下的“河水鬼”，模样就不讨人厌。普通的鬼，总保留着它死时的样子。比如被老虎吃掉化为鬼的，会一直大叫；被砍头者便一手提着自己六斤四两的头走来走去。唯独江浙一带的“河水鬼”不是这样，老的少的丑的俊的，一掉到水里都变成一个模样。据说“河水鬼”身材矮小，就像隔壁邻居家的小孩子，平常三五成群，待在河岸上的柳树下丢铜钱，跟街头巷尾玩游戏的野孩子没有两样。一被惊动就跳下水去，像一群青蛙，但青蛙入水时有波纹，有“扑通扑通”的响声，“河水鬼”却没有（参见周作人《水里的东西》）。

江浙一带的“河水鬼”，可能跟日本的河童有点亲属关系，都要拉人下水。但河童的样子没有“河水鬼”可爱，据周作人描述，河童的形状大概如猿猴，青黑色，手足如鸭掌，趾间有蹼。河童头顶中央凹下去一小块，像小碟子，碟子里有水时，力大无

---

① 周作人：《说鬼》，见《周作人小品文全集》，长春：时代文艺出版社，2000 年，第 502 页。

敌;水干了便软弱无力。头顶边上有一圈刘海,是日本小孩儿常留的一种发型,叫河童发。

人死后为鬼,鬼在阴间或其他地方究竟是否照常生长,也是周作人关心的问题。他曾专门写过一篇文章讨论《鬼的生长》,其中引清人纪晓岚的一则笔记:

> 任子田言,其乡有人夜行,月下见墓道松柏间有两人并坐,一男子年约十六七,韶秀可爱,一妇人白发垂项,佝偻携杖,似七八十以上人,倚肩笑语,意若甚相悦,窃讶何物淫妪,乃与少年儿狎昵,行稍近,冉冉而灭。交日询是谁家冢,始知某早年夭折,其妇孀守五十余年,殁而合窆于是也。[①]

照这样说,鬼是不会生长的。死时是什么年龄什么容貌,变成鬼后,也一直是这样,因此才会有纪晓岚笔记中描述的"小鲜肉"与老妇人在阴间相聚的场景。

周作人自称是无神论者,并不相信世间真的有鬼,那他为什么喜欢知道鬼的事情?岂不是自相矛盾的吗?周作人辩解说,虽然他不相信人死后为鬼,却相信鬼背后有人。鬼,其实是活人的投影,是活人的喜怒哀乐、恐惧与愿望的投影。

"死后"是怎样一种况味呢?周作人引陶渊明的诗为例:

> 陶公千古旷达人,其《归园田居》云:"人生似幻化,终当归空无。"《神释》云:"应尽便须尽,无复更多虑。"在《拟挽歌辞》中则云:"欲语口无音,欲视眼无光,昔在高堂寝,今宿荒草乡。"陶公于生死岂尚有迷恋,其如此说于文词上固亦大有情致,但以生前的感觉推想死后况味,正亦人情之常,出于自然者也。(《鬼的生长》)[②]

"欲语口无音,欲视眼无光,昔在高堂寝,今宿荒草乡",这是陶渊明对"死后"的想象,不那么美好的想象。因此我们听人说鬼,实即等于听其谈心矣。人生多忧患,

---

① 周作人:《鬼的生长》,见《周作人小品文全集》,长春:时代文艺出版社,2000 年,第 357 页。
② 周作人:《鬼的生长》,见《周作人小品文全集》,长春:时代文艺出版社,2000 年,第 360 页。

相信有鬼好比是人生之“鸦片烟”。“死”是人不得不面对的最大的悲哀与恐怖，相信死后还有一个世界，一个并非漆黑一团的世界，对于活着的人来说，未尝不是一种无可奈何的慰藉。才子佳人得以再续未了的前缘，断头台前的英雄才能高呼：二十年后又是一条好汉。

死亡面前，人人平等。社会学家李猛在《自然社会》中指出，死亡的事实本身从来不曾规定人的生活，真正决定人的生活的是对死亡的恐惧，以及由此产生的欲望。死亡不是人的经验，怕死才是。人和其他自然物一样会遭受外力的侵害，但只有人才会预见这一力量的作用，并因此权衡决定自己的行为。死亡面前，人人平等，权力与财富的积累，亦无法使人免除对死亡的恐惧。

第三节　且谈草木虫鱼

阿英在其编选的《现代十六家小品》序言中总结小品文运动的发展，认为文学革命初期，小品文的写作是出于战斗的需要，不是为了要写漂亮、缜密的文章。作为正统小品文，即所谓“美文”，引起大家注意的，是 1924 年《晨报副刊》上刊载的，周作人的《苍蝇》一文。阿英站在左翼文学的立场上断言，从周作人的这篇《苍蝇》开始，小品文逐渐丧失了战斗的意味。20 世纪 30 年代盛行的小品文，号称“宇宙之大，苍蝇之微，皆可取材”。“宇宙之大”，小品文家未必可以驾驭；“苍蝇之微”却是做小品文的不二法门。与庙堂文学相对的小品文，往往从小处着眼，以小喻大，借“苍蝇之微”指涉“宇宙之大”。

《苍蝇》一文是周作人“草木虫鱼”系列的先声。苍蝇在一般人的印象中似乎与文学无关。“苍蝇”这个题目虽小，却相当考验作者的知识储备与审美趣味。在中国古典文学以及东西方文学传统中，你能想到哪些与苍蝇有关的诗文或神话传说？

如果让你以“苍蝇”为题写篇文章，该如何落笔呢？周作人从自己的儿时经验讲起，说苍蝇不是一件很可爱的东西，但小孩子未必会嫌弃它。他小时候常在夏天趁大人们午睡，在院子里丢弃香瓜瓜瓤的地方捉苍蝇。周作人给我们介绍了苍蝇的种类，共有三种：饭苍蝇太小，麻苍蝇太脏，只有金苍蝇可用。小孩子谜语中所谓“头戴红缨帽，身穿紫罗袍”的就是金苍蝇。金苍蝇即“青蝇”，早在《诗经·小雅》中就有“青蝇”的身影：

营营青蝇，止于樊。岂弟君子，无信谗言。
营营青蝇，止于棘。谗人罔极，交乱四国。
营营青蝇，止于榛。谗人罔极，构我二人。①

《诗经》中的“青蝇”，代指挑拨离间、搬弄是非的小人，带有很强的伦理色彩。可见中国古来对于苍蝇似乎没有特别强烈的反感，至少苍蝇是有资格入诗的。中国古典诗词中的苍蝇，甚至可以是很美好的形象。周作人的弟子废名，也写过一篇名为《蝇》的散文，特地表彰周邦彦《片玉集》里的一首词：

冬衣初染远山青，双丝云雁绫，夜寒袖湿欲成冰，都缘珠泪零。
情黯黯，闷腾腾，身如秋后蝇，若教随马逐郎行，不辞多少程。

词人周邦彦把思念情郎的女子，比作秋后黏人的苍蝇，这个比喻不可谓不大胆。女子无法随郎君远行，困在闺房里，“情黯黯，闷腾腾”，觉得哪儿都不是自己的安身之处，行不得，坐不得，于是情愿自己变作讨人厌的苍蝇，一路跟着情郎的马儿跑，大概拿鞭子也挥不走。周邦彦敢将女子与苍蝇相提并论，用黏人的苍蝇来写女子与情郎分别后的相思之情，写得很美好，而且不落窠臼。

然而经过近代科学思想的洗礼后，苍蝇被视作传播病菌之物，自然成为一般人唯恐避之不及的恶魔。20 世纪 20 年代初周作人在西山养病时，曾写过一首题为《苍蝇》的白话诗，十分符合现代人对苍蝇的想象：“大小一切的苍蝇们，美和生命的破坏者，中国人的好朋友的苍蝇们呵，我诅咒你的全灭，用了人力以外的，最黑最黑的魔术的力。”

周作人在写作《苍蝇》这篇小文章时，不仅依赖中国古典诗词的传统，还调动了

① 刘毓庆、李蹊译注：《诗经 下 雅颂》，北京：中华书局，2011 年，第 599 页。

希腊神话与日本文学两方面的资源，显示出他独特的知识素养。在希腊传说中，苍蝇本来是一个处女，名叫默亚（Muia），相貌美丽，不过太喜欢说话。默亚爱上月神的情人恩迭米盎（Endymion）。当恩迭米盎睡觉时，痴情的默亚还在他身边讲话唱歌，弄得恩迭米盎不能安息，因此惹恼了月神，把她变成苍蝇。变成苍蝇的默亚，对美男子还恋恋不舍，不肯让人家安眠，尤其是喜欢搅扰年轻人。

在日本文学中，尤其是周作人偏爱的小林一茶的俳句中，苍蝇更是常见之物，随处出没。检阅小林一茶的俳句，咏苍蝇的诗多达二十首，以周作人引用的两首为例。一首题为《归庵》："笠上的苍蝇，比我更早地飞进去了。"另一首说："不要打哪，苍蝇搓他的手，搓他的脚呢。"这样的场景我们哪位没有见过，第一反应多半是厌恶地挥挥手，或转身去找苍蝇拍，绝不会生出怜惜之情，更不会从中悟出什么诗意。但恰是从这些不合常情的地方，可以窥见日本俳人对世间万物——即便是污秽之物——的平等的观照。

周作人不是为苍蝇而谈苍蝇，也不是为了炫耀他的东西方文学知识如何丰富。谈苍蝇，是因为这个微末的生命可以折射出情与理的冲突，或者说，现代人在科学与诗这两个国度之间的徘徊。周作人虽爱念小林一茶的俳句，但实际上却不能克服对苍蝇的厌恶之情，看到苍蝇来了，仍忍不住要去打。他坦言自己心底里有一种矛盾，一方面承认苍蝇是与人平等的一种生命，但受近代科学思想，尤其是卫生观念的洗礼，又总把苍蝇视为携带传播病菌的害虫，想尽各种办法去消灭它。这种情与知的冲突是无法调和的，一面笃信"赛先生"的教诲，一面又不想用科学的显微镜与解剖刀去破坏诗人的美与善的世界。徘徊于诗与科学之间，周作人宣称他甘愿当"蝙蝠派"。

在周作人的"草木虫鱼"系列中，与"苍蝇"这个题目难度不相上下的是"虱子"。如今生活在大城市里的孩子，恐怕连虱子长什么样子都没见过。周作人指出，在中国文化史上，虱子常作为名士的装饰，比如说晋朝的王猛有"扪虱而谈"的典故。笔记中关于虱子的文献更不少，如清人笔记《坚瓠集》中有一则《须虱颂》，嘲笑宋神宗朝的宰相王安石不修边幅，常年不洗澡，竟带着虱子上朝：

王介甫、王禹玉同侍朝，见虱自介甫襦领直缘其须，上顾而笑，介甫不知也。朝退,介甫问上笑之故,禹玉指以告,介甫命从者去之。禹玉曰,未可轻去,愿颂一言。介甫曰,何如?禹玉曰,屡游相须,曾经御览,未可杀也,或曰放焉。众大笑。

《坚瓠集》中还有一条笔记,讨论虱子的吃法,是生吃好,还是烤熟了吃好:

清客以齿毙虱有声,妓哂之。顷妓亦得虱,以添香置炉中而爆。客顾曰,熟了。妓曰,愈于生吃。

这条材料说明清客、妓女有"扪虱而谈"的雅兴。鲁迅《阿Q正传》里也有比赛吃虱子的场景。阿Q看见王胡在墙根那儿赤膊捉虱子,忽然觉得自己身上也痒了起来,脱下破夹袄,翻检半天,不知道是因为新洗呢还是因为粗心,只捉到三四只。他看王胡却是一个又一个,放在嘴里,发出响声,十分不平,觉得是"大失体统"的事。

周作人谈虱子,不光依赖中国历史上的掌故或笔记材料,更有意思的是,引入了西方文明史的视野作参照。文中援引美国人类学教授洛威(R. H. Lowie)的通俗著作《我们是文明么》,第十章讲服饰,说起18世纪的时尚,妇人流行梳很高的发髻,高到什么程度呢,有些矮个儿的女子,她的下巴颏儿正好在头顶到脚尖的中间。宫廷里的女官坐车时,只能跪在台板上,把头伸出窗外;她们跳舞时,总担心头上的发髻碰到天花板上的吊灯。这么高的发髻,当然不可能天天拆散梳理,于是里面生满了成群的虱子,怎么办呢?为了保护发型,免受虱子之苦,结果发明了一种象牙钩钗,拿来搔痒,还算雅致又不失体统。《我们是文明么》第二十一章,还谈到一些与虱子有关的地方风俗:

正如老鼠离开将沉的船,虱子也会离开将死的人,依照冰地的学说。所以一个没有虱子的爱斯吉摩人是很不安的。这是多么愉快而且适意的事,两个好友互捉头上的虱子以为消遣,而且随复庄重地将它们送到所有者的嘴里去。在野蛮世界,这种交互的服务实在是很有趣的游戏。黑龙江边的民族不知道有别的更好的方法，可以表示夫妇的爱情与朋友的交谊。①

日本近代诗人小林一茶的俳句中，也有咏虱子的作品，周作人曾翻译过其中的一首，收录在《雨天的书》中。捉到一个虱子，将它掐死固然可怜，要把它舍在门外，让它绝食，也觉得不忍，小林一茶忽然想到佛祖从前喂养鬼子母的石榴，作成一首俳句："虱子啊，放在和我味道一样的石榴上爬着。"按照日本传说，佛祖降服鬼子母后，给它吃石榴以代替人肉，因为石榴的酸甜味与人肉相似。石榴是多子的象征，于是鬼子母后来变成生育之神。小林一茶这首《咏虱》与前面那首《苍蝇》中流露出的不忍之情是近似的。周作人以为中国扪虱而谈的名士，难以达到小林一茶这样的悲悯之境，也写不出小林一茶这样有风趣的诗句，例如："喊，虱子呵，爬罢爬罢，向着春天的去向。"

在《草木虫鱼小引》中，周作人质疑文学表达的限度，他认为人生最深切的悲欢甘苦，绝对不能用言语来形容，更不必说用文字传达给他人了。文字所能表现的，只是某一种微薄的情意，固然不很粗浅但也不很深切的部分。换句话说，文字所能表现的思想情感，在周作人看来，其实是可有可无、无关紧要的东西。关于《苍蝇》以及周作人于20世纪30年代初集中写作的"草木虫鱼"系列（包括《金鱼》《虱子》《两株树》《苋菜梗》《水里的东西》《案山子》《关于蝙蝠》七篇文章，收入《看云集》），不仅仅是周作人出于对名物的兴趣而写作的，我们必须将其放置到周作人与左翼文学的对峙中去理解。

第四节　故乡的风物

周作人声称他的故乡不止一个，凡住过的地方都是故乡。故乡对于他来说，没有什么特别的情分，只因钓于斯、游于斯的关系，朝夕会面，遂成相识（《故乡的野菜》）。从这个意义上说，浙东是他的第一故乡，浙西是第二故乡，南京第三，东京第

① 周作人：《虱子》，见《周作人小品文全集》，长春：时代文艺出版社，2000年，第294—295页。

四，北京第五。在他住过的地方当中，周作人倒不一定偏爱浙江，反而觉得北京是最适合居住的，因此20世纪30年代他曾以“京兆人”自居。周作人以为，凡怀乡、怀国以及怀古，所追怀的都无非是空想中的情景，事实上并没有那么可爱。对于不在面前的事物，人们总是不胜恋慕（《与友人论怀乡书》）。

周作人的小品文中，关于故乡风物的描写不少，其中最体现绍兴特色的，当属《乌篷船》（收入《泽泻集》）这一篇。此文用书信体的形式，向友人讲述故乡的风土人情。船是绍兴人最常用的代步工具，有乌篷船，有白篷船。大的乌篷船称为“四明瓦”（“明瓦”如鱼鳞状，半透明，质地跟玻璃类似，有透光作用），小的乌篷船称为脚划船，又称小船；但最适用的还是大小居中的“三明瓦”。篷是半圆形的，用竹片编成，上涂黑油，故称“乌篷船”。

周作人在文中向朋友细致描述了划船的经验：小船如一叶扁舟，你坐在船底席上，篷顶离你的头有两三寸，双手只能搁在左右两边的船舷上，还得把手露在外面。坐在船里，仿佛是浮在水面上，船靠近田岸时，泥土便和你的眼鼻接近；若遇到风浪，或坐的姿势不当，就会船底朝天，发生危险，但也颇有趣味，是江南水乡的一种特色。

周作人建议说，坐船应该持游山的态度，不能性急，不妨看看四周的物色：随处可见的山，岸边的乌桕树，河边的红蓼和白蘋，渔舍，各式各样的桥。困倦时睡在舱中拿出随笔来看看，或者冲一碗清茶来喝喝。

去绍兴不容错过夜航船的风味。从绍兴到杭州的夜航船，下午开船，黄昏时分景色最佳。夜间躺卧在船舱中，听水声、橹声，来往船只的招呼声，以及乡间的犬吠鸡鸣，也很有意思。20世纪50年代周作人在随笔中又提起这种往来于杭州与绍兴之间的夜航船，乘坐这种船的人大都是从绍兴出去或回来的人，听大家谈天，就像坐在乡下茶馆里一样，一点都不会感到寂寞（《夜航船里》，收入《饭后随笔》）。

周作人关于故乡风土的文字中，有一大类是写各种吃食的。他认为看一个地方的生活特色，食物是很重要的方面，不但是日常的粥饭，地方上特有的点心以至闲食，更有意义，可惜极少有人留心。本地文人以为这些东西琐屑不值一提，外来者又多轻饮食而重男女。周作人认为男女之事大同小异，不值得那么用心，倒不如各种吃食尽有滋味，大可谈谈（《〈卖糖〉附记》）。

周作人写故乡的吃食，多着眼于民间的生活风景。如他早期的名文《故乡的野菜》，写春天挖荠菜的场景。荠菜是浙东人春天常吃的野菜，乡间不必说，就是城里只要有后园的人家都可以随时采食，妇女小孩儿各拿一把剪刀、一只竹篮，蹲在地上仔细搜寻，既是劳作，也是一种有趣的游戏。周作人写故乡风物，除了有生活场景的素描，也会插入风土志中的材料作参照：

> 关于荠菜向来颇有风雅的传说，不过这似乎以吴地为主。《西湖游览志》云，“三月三日男女皆戴荠菜花。谚云，三春戴荠花，桃李羞繁华。”顾禄的《清嘉录》上亦说，“荠菜花俗呼野菜花，因谚有三月三蚂蚁上灶山之语，三日人家皆以野菜花置灶陉上，以厌虫蚁。侵晨村童叫卖不绝。或妇女簪髻上以祈清目，俗号眼亮花。”但浙东人并不很理会这些事情，只是挑来做菜或炒年糕吃罢了。[①]

对于故乡风物，周作人一直保持着浓厚的写作兴趣。我们再来看他 20 世纪 30 年代末写的一篇小品文，说离开故乡太久，对于乡味没有什么留恋，唯独杨梅觉得无可替代。杨梅生吃固然好，在烧酒中浸泡一日，食之也别有风味；浸的时间久了，杨梅的色香味渗入酒中，即所谓“杨梅烧”。接着从杨梅谈到杨梅酒的酿制法：绍兴烧酒的烈度虽逊于北方的白干，但别有一种香气，与茅台酒的气味相似，故宜于泡杨梅；白干则未必适用，就好像出身于燕赵之地的勇士，力气有余而缺少韵致。随后又联想到，用洋酒如白兰地浸杨梅，不知是何种风味。《杨梅》一文的开头也引地方志中的材料，以民俗作为入话：

> 方杨梅盛出时，好事者多以小舫往游，因置酒舟中，高饤杨梅，与樽罍相间，足为奇观。妇女以簪髻上，丹实绿叶繁丽可爱。又以雀眼竹筥盛贮为遗，

① 周作人：《故乡的野菜》，见《周作人小品文全集》，长春：时代文艺出版社，2000 年，第 118 页。

道路相望不绝，识者以为唐人所称荔支筐，不过如此。①

北平沦陷期间，周作人也写了不少有关故乡风物的小文章，屡屡表达自己的思乡之情。如《卖糖》一文称："绍兴如无夜糖，不知小人们当更如何寂寞，盖此与炙糕二者实是儿童的恩物，无论野孩子与大家子弟都是不可缺少者也。"所谓"夜糖"其实只是圆形的硬糖。"小时候吃的东西，味道不必甚佳，过后思量每多佳趣，往往不能忘记。"正如鲁迅《朝花夕拾》小引所云："我有一时，曾经屡次忆起儿时在故乡所吃的蔬果：菱角，罗汉豆，茭白，香瓜。凡这些，都是极其鲜美可口的；都曾是使我思乡的蛊惑。后来，我在久别之后尝到了，也不过如此；唯独在记忆上，还有旧来的意味留存。他们也许要哄骗我一生，使我时时反顾。"

结语

周作人认为，以抒情为主的小品文，在各种文学门类中发生最晚，是文学这个大家族中的小儿子。在周作人看来，小品文是个人文学的尖端，是文学发达的极致。其本质上是一种"言志"的散文，集合了叙事、说理、抒情的成分，这些成分都浸润在作者自己的性情当中，然后用适宜的手法调和在一起。因为小品文彰显个性、表达自我、追求自由，据周作人判断，这种文类兴盛于王纲解纽的时代(《〈冰雪小品选〉序》)。

周作人提倡的小品文，不是纯粹的白话文，要有点涩味和简单味，才耐读。他主张以口语为基础，再加入欧化语、古文、方言等成分，杂糅在一起，有知识，有趣味，才可能造就雅致的俗语文(《〈燕知草〉跋》)。

参考文献

[1] 周作人. 周作人小品文全集[M]. 长春：时代文艺出版社，2000.

[2] 钱理群. 周作人传[M]. 北京：北京十月文艺出版社，1990.

① 周作人：《杨梅》，见《周作人文类编·人与虫》，长沙：湖南文艺出版社，1998 年，第 49 页。

[3] 舒芜.两个鬼的文章——周作人的散文艺术[M]//舒芜.周作人的是非功过.北京：人民文学出版社，1993.

思考题

1. 从作者的写作姿态及预设读者，谈谈你对“小品文笔调”的理解。
2. 周作人在《鬼的生长》一文中称，“我们听人说鬼，实即等于听其谈心矣”。如何理解这句话？
3. 小品文号称“宇宙之大，苍蝇之微”都可纳入写作范围，结合周作人的作品，如何理解这种小题大做的写法？

（袁一丹）

第十二讲 鲁迅的小说

世界文学史的不同时期、不同地域，都出现过影响深远的文化巨人：古希腊的荷马；中世纪末期意大利的但丁，文艺复兴时期英国的莎士比亚、西班牙的塞万提斯；近代德国的歌德、法国的巴尔扎克、俄国的托尔斯泰等人；中国古代的屈原、司马迁、李白、杜甫、苏轼、曹雪芹，现代的鲁迅等人。

鲁　迅

作为话题，鲁迅及其创作已经长期并且将继续缠绕着现代中华民族的集体记忆。本讲先从鲁迅的生死爱恨入手，展示他丰富复杂的精神世界，然后与大家一起细读鲁迅的小说代表作《狂人日记》《阿Q正传》《在酒楼上》，最后来总结鲁迅小说的成就。

第一节　引论：鲁迅的生死爱恨

鲁迅（1881—1936），浙江绍兴人，中国现代文学的开创者之一，伟大的小说家、散文家，还是杰出的翻译家、编辑家、古典文学学者和旧体诗人。他的全部作品收入《鲁迅全集》（人民文学出版社 2005 年版，18 卷），他的全部译作收入《鲁迅译文全集》（福建教育出版社 2008 年版，8 卷）。

一、生前与死后命运的巨大差异

鲁迅曾深有感触地说过：“豫言者，即先觉，每为故国所不容，也每受同时人的迫害，大人物也时常这样。他要得人们的恭维赞叹时，必须死掉，或者沉默，或者不在眼前……待到伟大的人物成为化石,人们都称他伟人时,他已经变了傀儡了。”[①] 生前的落魄窘困与死后的声名显赫,几乎是所有思想文化先驱者的普遍命运模式。从孔子的奔逃列国到屈原的怀沙自沉,从苏格拉底的服毒身死到布鲁诺的烈火焚身,中外文化史事实无不显示了先驱者在人世中的悲剧遭遇。鲁迅的这种悲剧体验得之于他本人一生的坎坷与不幸,而世人对已逝的鲁迅的顶礼膜拜则成了这一古老文化命题更具悲剧意味的现代注释。

鲁迅生前阅尽人世的悲欢和世态的炎凉:官府的迫害接踵而至,论敌的围攻四面而来,亲人和朋友的误解、隔阂乃至背弃遍布周遭……鲁迅去世以后,在这漫长岁月的风风雨雨里,鲁迅一步步被推上了“神圣的祭坛”,享尽了人间世俗的香火和供品,成为中国现代最为显赫的文化偶像。然而一旦我们抛弃了过去那种对鲁迅政治化、神圣化的认知模式,一旦我们以平等的视角面对鲁迅,便会产生新的困惑和茫然。在鲁迅的身上,有太多的矛盾和“悖谬”:

他是坚韧不拔的反传统斗士,又是听从母命与自己不爱的小脚女子拜堂成亲的孝子;他是传统道德的叛逆者,可当爱神叩击心灵门窗时,他又显得犹疑、怯懦和畏惧;他乐于助人、牺牲自我,却举起复仇之剑攻杀仇敌甚至亲朋;他不断地同虚无绝望抗争,却常常陷入精神的囚室中。这一系列悖反撕扯着他异常敏感的心灵,把他推向人间最痛苦的精神炼狱,并使他过早离开人世。然而这也铸就了鲁迅犀利无比的思想锋芒、深刻精敏的感知力和“残酷的天才”那般的文学表现力。

二、爱的十字架上的“受难者”

作为人之子、人之兄、人之夫,鲁迅不断地成为悬挂在爱的十字架上的“受难者”。

(一)服饮了慈母误进的毒药——鲁迅与母亲的关系

鲁迅在《杂感》一文中感叹:一个人若死于敌手,这并不足以悲哀;最大的悲哀是“死于慈母或爱人误进的毒药”。清末留日时期,鲁迅被光复会委派回国刺

① 鲁迅:《无花的蔷薇》,转引自王家平:《鲁迅精神世界凝视》,北京:首都师范大学出版社,1999年,第1页。

杀清朝官员，临行前他问：“如果我被抓住，被砍头，剩下我的母亲，谁负责赡养她呢？”鲁迅的一丝犹豫导致光复会取消对他的委派，他的心灵深处因此蒙上了浓重的阴影。

母爱影响了鲁迅的职业选择。他的思想立场与封建官僚是尖锐对立的，然而却度过十四年官场生涯。鲁迅在一封致朋友的信中透露了苦衷，说自己“在北京寻一点糊口的小生计，度灰色的生涯。因为感谢别人，就不能不慰安别人，也往往牺牲了自己”。为了赡养老母，鲁迅被迫做自己所憎恶的官员。

母亲对他婚姻的强迫更使他苦不堪言。1906 年“母亲病危”的电报把鲁迅骗回国内与朱安完婚。朱安目不识丁、裹着小脚，鲁迅本不愿接受，但是母亲相中了朱安。鲁迅头戴假辫，身着长袍马褂，像木头一般与朱安拜堂。回到东京后鲁迅沉痛地对挚友许寿裳说，婚姻“是一件母亲送给我的礼物，我只好好好地供奉它，至于爱情是我所不知道的”。为了慰藉母亲孤寂的心，鲁迅把自己绑在封建婚姻的柱子上，尝尽了无爱夫妻生活的痛苦。

（二）东有启明，西有长庚——鲁迅与二弟周作人的关系

鲁迅与二弟周作人自幼关系亲密，但后来却彼此反目。《诗经》云：“东有启明，西有长庚。”后人用这诗句比喻兄弟失和。幼年鲁迅从和尚处获得长庚法名，周作人少年时则以启明为字，两个名号如谶语预示了后来兄弟关系的破裂。

1923 年 7 月中旬，周作人及其妻子羽太信子与鲁迅闹翻了。鲁迅在 7 月 14 日的日记中记载了这场冲突：“是夜始改在自室吃饭，自具一肴，此可记也。”五天后，周作人交给鲁迅的绝交信写道：“鲁迅先生，我昨日才知道，但过去的事不必再说了……以后请不要再到后边院子来，没有别的话，愿你安心，自重。”这场冲突使周氏兄弟二人产生了深刻的危机，鲁迅悲痛万分，在随后的几年里，鲁迅一直处于十分孤独而绝望的境地。

（三）异性，我是爱的，但我一向不敢——鲁迅与许广平的关系

正当鲁迅孤苦无告之际，爱神光顾了他。1925 年春天许广平给鲁迅写信，他们开始交往，某日许广平大胆握住了鲁迅的手。许广平爱得毫无顾忌；鲁迅则显得

犹豫不决，他想过休弃妻子，可是孤独的母亲需要朱安陪伴，朱安被休后处境会很悲惨，于是他只好退却。然而许广平青春的风采、炽热的感情，又不能轻易从心灵中抹去，鲁迅痛苦万分。

鲁迅还受制于传统道德观念和社会舆论的压力，他担心与女学生恋爱会削弱自己创作的影响力。鲁迅也自卑，他在致友人的信中承认自己的心理："其实呢，异性，我是爱的，但我一向不敢，因为我自己明白各种缺点，深恐辱没了对手。"面对鲁迅包办婚姻这份特殊的遗产，许广平做了最大的牺牲，她放弃妻子的名分而与鲁迅同居。

以鲁迅倔强怪诞的脾气，他与许广平难免会像普通夫妇一样磕磕碰碰。据许广平回忆，鲁迅有时会直接对她发火，更多的是一人生闷气，甚至独自躺在阳台上长时间地不理睬别人。爱情不仅是芬芳甘甜的，鲁迅更深地体味了爱的苦涩，伴随着爱之欢欣的是疑虑、自卑乃至怯懦。

三、受虐与复仇

鲁迅成长在备受压抑的环境中，形成了受虐和复仇心理：幼时父亲经常强迫活泼好动的他背诵乏味的经书；少时祖父科场案发他家被抄，他避难亲戚家而被称为"乞丐"；为治愈父亲的病，他进出于当铺和药店，受尽世人的冷眼和侮辱。受虐体验逐渐向着复仇转化，鲁迅成为中国文坛的剑客。看到那些无刀无笔的弱者深受欺侮而投诉无门，他挺身而出，以笔为剑，刺向那些奴役弱者的统治者及其御用文人。路见不平、拔刀相助、扶危济困，这就是文侠鲁迅的英雄本色。

日本学者竹内好在专著《鲁迅》中指出："论争是鲁迅支持自己的文学的粮食。""他为了表白痛苦，就要寻求论争的对手。……在论争中，他把所有阶层都作为对手，也受到所有阶层的嘲骂。……但是，他所反抗的实际上并不是对手，而是针对他自身中无论如何也解除不了的痛苦。他从自身中取出那种痛苦，放在对手身上。然后，他就打击这种对象化了的痛苦。"[①]因此，论争在本质上是文学性的。

---

① 竹内好：《鲁迅》，李心峰译，杭州：浙江文艺出版社，1986 年，第 2、111—112 页。

鲁迅喜欢论争，论争是他排解内心创痛的途径，是他的命运图式，也是他文学创作的基本语法，他所有外在的论争对手都是他本人内心痛苦的“对象化”，他的所有论争最终都是自我的肉搏，都是一种“抉心自食”式的自戕。

鲁迅荷戟独行、呐喊彷徨的生命历程，显示了现代人真正的存在价值和精神处境。鲁迅深刻而痛苦的生命体验，宽广而博大的精神人格，丰盈而略微偏执的心理构成，为后人提供了一份研究现代中国人精神状况的标本。

第二节 《狂人日记》导读

《狂人日记》发表在 1918 年 5 月《新青年》第 4 卷第 5 号，后来收进《呐喊》集，是作家首次以鲁迅的笔名创作的小说，也是现代文学的奠基之作。鲁迅本人用“意在暴露家族制度和礼教的弊害”来总结它的写作意图，作品以“吃人”二字揭示传统道德的本质，成为新文化运动批判封建意识形态的石破天惊之作。

先来看看《狂人日记》开头部分对狂人心理及其氛围的书写：

> 今天晚上，很好的月光。
>
> 我不见他，已是三十多年；今天见了，精神分外爽快。才知道以前的三十多年，全是发昏；然而须十分小心。不然，那赵家的狗，何以看我两眼呢？
>
> 我怕得有理。
>
> 今天全没月光，我知道不妙。早上小心出门，赵贵翁的眼色便怪：似乎怕我，似乎想害我。还有七八个人，交头接耳的议论我，又怕我看见。一路上的人，都是如此。其中最凶的一个人，张着嘴，对我笑了一笑；我便从头直冷到脚跟，晓得他们布置，都已妥当了。

狂人到底是真疯还是佯狂？这可能是读者比较关心的问题。对于狂人的疯狂，鲁迅似乎不准备作非此即彼的抉择，他的高明就在于艺术地把握了狂人似疯非疯、亦狂亦醒的独特心理状态，尤其是对狂人异常敏感的受迫害幻觉的表现，令人感到惊心动魄。出现在狂人“心理屏幕”上的是赵贵翁和他家狗的怪眼睛，是老医生越过眼镜边框偷窥的眼神，是青面獠牙的路人白厉厉地排着的牙齿，是看客们用布蒙着的脸，是噩梦中屋顶发抖的横梁和椽子。

狂人吃了几口煮熟后仍张着白眼和大嘴的鱼，想起大哥偷偷掺在饭菜里的从小妹身上切下的肉片，便兜肚连肠地呕吐起来。狂人的恶心既源于生理厌腻，又是道德腐烂引发的心理反应。狂人的作呕，是真正的现代性体验，显示了一个现代人在生理和心理晕眩下的精神撕裂倾向。

通常人们把作品结尾“救救孩子”的呐喊看作狂人对未来的殷切期望，这样理解自然无妨；然而问题并不那么简单，在这希望的呐喊中也透露着狂人的焦虑和绝望。“救救孩子……”前还有一句“没有吃过人的孩子，或者还有?”它的确流露了狂人对新一代的希望，但一个“或者”和一个“?”号，表明狂人对自己的希望是不确信的。他确实不可能太确信，因为作品多次写到路上的孩子和大人一样脸色铁青地对狂人恶眼相向，爹娘们可能已经把吃人的坏心思教给了孩子们，吃人的恶习似乎具有了遗传性。因为意识到即使在孩子那里也难见“真的人”，狂人最后发出的“救救孩子……”的呐喊，更像深陷沼泽的人发出的绝望呼告，人们依稀还可以看见精神沼泽上仅存的狂人无助地挣扎着的双手。

狂人的绝望也源于他对自身罪恶的体认。他最初以为在这个吃人罪恶横行的社会里，自己是为数不多的无罪者。但后来他发现大哥也参与了吃人的阴谋，他恍然中悟到自己就是“吃人的人的兄弟”；他最终还意识到自己身上“有了四千年吃人履历”的罪恶。如果说基督徒是由于他们的始祖夏娃和亚当偷吃禁果，而被上帝赋予了原罪，那么狂人的原罪感则是因为他意识到，无论他怎样抨击传统，他也还是这个“四千年来时时吃人”的民族的子孙。

一边激烈地反抗祖先的传统，一边却为祖先的血腥传统负罪，这就是狂人内心剧烈的精神分裂创痛。很自然地，读者还可能要关心狂人最终的命运。作品显在的文本——十三则白话日记在狂人发出“救救孩子”的呐喊后就戛然而止；但作品的文言文形式的“序”则暗示了狂人的最后结局，序言其实隐藏了一个关于狂人从狂病中康复，以及康复后赴某地担任候补官员的潜在文本。

按照清代官制，狂人获得了候补官员资格，他不是参加了科举考试，就是花大笔钱捐官去了。不管他是通过什么方式成为候补官员的，他都与自己原先对抗的封建专制政治和文化媾和（即所谓的病愈）了。值得注意的是，这个序言是用纯粹的文言文写就的，与作品正文十三则白话日记形成了对立，而这种文、白语言对立更好地暗示着狂人病愈前和病愈后对传统文化截然不同的态度。从表面看，作品写出了狂人终于病愈并且发迹的喜剧性结局；但其实是以一个真正的悲剧收尾，连狂人这样具有大智慧和大勇气的人，最终也无法摆脱回归传统文化的命运。这种文化宿命所包含的苍凉悲怆喷薄而出。

第三节 《阿 Q 正传》导读

《阿 Q 正传》最初连载在 1921 年 12 月至 1922 年 2 月的《晨报副刊》“开心话”栏目，作者署名“巴人”，后来收进《呐喊》集中。谈及《阿 Q 正传》的创作动机，鲁迅说他是试图“画出这样沉默的国民的灵魂来”，以此“暴露国民的弱点”。

作品通过阿 Q 这一典型人物，展开了对国民性的批判。阿 Q 是上无片瓦、下无分地的流民，以替人打短工为生，“割麦便割麦，舂米便舂米，撑船便撑船”，一直过着潦倒的生活。阿 Q 身上集结了种种可笑悖谬的人性矛盾。他虽是单身的穷光蛋，却常吹嘘“我们先前比你阔多了”，并畅想“我的儿子会阔得多啦”的美好未来。由于进过几趟城，阿 Q 很是瞧不起未庄那些没有见过世面的乡下人；但他又认为城里人太可笑了，因为他们把长凳叫作条凳，并且给油煎的大头鱼加上切细的葱丝。阿 Q 头上长着癞疮疤，受尽人们的嘲弄和侮辱；但为了保持尊严，他竟然声称那些嘲笑他的人不配长癞疮疤。

阿 Q 虽然手无缚鸡之力，但却相当好斗，每次被打败受尽屈辱后，他便安慰自己说“我总算被儿子打了”。阿 Q 在赛神会上赌博赢得大把的钱却遭抢，他狠狠抽了自己几个嘴巴，觉得是打了另外一个人，于是就心满意足了。为改善自己的恶劣处境，阿 Q 做了种种努力，但却一再失败，于是只能通过精神上的胜利来劝慰自己。阿 Q 的精神胜利法是以心理上的虚幻胜利来补偿现实中的失意和挫折，是一种自欺欺人的精神游戏。

阿Q的悖论还表现在，他是个受尽专制道统压制的草民，却偏偏是个封建卫道士，其道德观“样样合于圣经贤传”，十分讲究“男女之大防”；然而他毕竟是三十多岁的男人，有基本的生理需要，除了在戏台下拧女人的大腿，情急之下他还跪在吴妈面前求欢，导致了他被未庄社会驱逐的下场。

阿Q一方面以为革命便是造反，造反就是与他为难，不过，当他看到革命让举人老爷、赵太爷有如惊弓之鸟后，便在未庄率先发表造反宣言，并希望加入白盔白甲的革命队伍；阿Q参加革命的动机除了在未庄复仇，就是瓜分富户的财产，并霸占村里的女人。

阿Q参加革命不成，反而被当作强盗成了替死鬼，在审讯大堂上，他还为自己画押时画的圆不够圆整而羞愧和懊悔；在示众的敞篷刑车上，阿Q仍然泰然地想着“人生天地间，大约有时也未免要杀头”，还说出“过了二十年又是一个……”的豪语。当然，阿Q在临终前还是有点醒悟的。面对那些看客的眼睛，阿Q想起了他在旷野里遇见的恶狼，看客们的眼睛像狠毒狼眼一样，他们想要嚼碎他的皮肉和灵魂。阿Q感到了莫大的恐惧而高喊着“救命”，在刹那而来的恐惧中被处死。

阿Q是个荒谬可笑的人物，但这一典型身上所蕴含的审美意味是丰富复杂的。阿Q身上还有一股屡败屡战的气概，每次跌倒，他都试图自己爬起来，因此在他的渺小中透出崇高，滑稽中显示着严肃。从审美类型看，阿Q这个典型集中了悲剧和喜剧的因素，其悲剧性来自他的种种人生追求基本是合理的与这些追求无法在生活中实现之间的矛盾；其喜剧性来自他追求自身需要的方式，这些方式几乎都带来与初衷相悖的结果。

因此，每当读到阿Q在追求自身价值而丑态百出时，我们往往忍不住要发笑。但如果设身处地想想，我们可能就笑不出来了，因为，阿Q追求自身价值的方式固然是他特有的，但他那诸多未能实现的需要却也是全人类共有的，而且事与愿违、种瓜得豆的尴尬和痛苦几乎人人都经历过。因此嘲笑阿Q可能就是嘲笑我们自己，从这个意义上说，阿Q形象是人类生存处境和文化命运的整体象征。

在写法上，《阿Q正传》与鲁迅其他多数小说明显不同。鲁迅谈到自己最初写小说,“大约所仰仗的全在先前看过的百来篇外国作品和一点医学上的知识”。他的多数小说在结构上借鉴了西方短篇小说利用横断面表现社会生活的手法,侧重于塑造人物、渲染氛围,告别了中国古代小说对故事完整性过度迷恋的叙事传统。由于《阿 Q 正传》是鲁迅唯一一篇在报纸上连载的小说,作家不能不考虑如何吸引读者持续关注的办法。

鲁迅吸收了古代话本小说的叙事方法,除了注重讲述主人公命运的升降起伏以制造情节的波澜,还撰写了“序”,在展开主人公命运前说了一通闲话。美国学者威廉·莱尔比较该手法与话本小说的写法时指出:“如果鲁迅真是在茶馆里说书,这种设计就可以充作等待顾客时一段绝妙的填充的段子。顾客如果在说第二段时才走进茶馆,对主要故事也不会听漏多少,花的钱还是值得。也许鲁迅在开始同意写这篇连载小说时,便已经意识到范围受限制,不得不采用传统技巧了。”①

在“序”后面正式展开阿 Q 的故事后,作品仍然不时出现叙述者的幽默风趣议论,这与中国传统话本小说常见的“评书人语”所起的功能是一样的,即为了吸引读者的注意力。

《阿 Q 正传》面世一百多年,已经形成世界性的影响。早在 1926 年,法国大作家罗曼·罗兰读到《阿 Q 正传》的法文译本时就对人说:“这是一篇明确的富于讽刺的现实主义艺术杰作。”“阿 Q 的可怜的形象将长久地留在人们的记忆里。”日本作家新岛淳良认为:阿 Q 可以与世界文学史上不朽的典型——哈姆雷特、堂吉诃德一样,成为人们“普遍使用的名词”。如今,《阿 Q 正传》已经被译成英、法、德、俄、日、阿拉伯等五六十种文字,被世界各国的读者所接受。

第四节　《在酒楼上》导读

《在酒楼上》发表在 1924 年 5 月 10 日的《小说月报》第 15 卷第 5 号上,后来被

① 威廉·莱尔:《故事的建筑师　语言的巧匠》,尹慧珉译,见乐黛云:《国外鲁迅研究论集(1960—1981)》,北京:北京大学出版社,1981 年,第 353 页。

收进《彷徨》集中。

这是一篇具有浓郁抒情色彩的小说，它传达了 20 世纪 20 年代早期“五四”新文化运动由高潮转向沉寂阶段，知识分子的苦闷、颓唐情绪。对于当时的时代氛围和知识人的情绪状态，鲁迅曾经作过这样的描述：

> 见过辛亥革命，见过二次革命，见过袁世凯称帝，张勋复辟，看来看去，就看得怀疑起来，于是失望，颓唐得很了。……
>
> …………
>
> 后来《新青年》的团体散掉了，有的高升，有的退隐，有的前进，我又经验了一回同一战阵中的伙伴还是会这么变化，并且落得一个“作家”的头衔，依然在沙漠中走来走去……[①]

《在酒楼上》主人公吕纬甫，年轻时身上充满着青春活力。作为学生的他曾与同学勇敢地冲进城隍庙拔掉神像胡须，曾与朋友们纵横评说中国社会改革方略，因意见不一而老拳相向。总之那时的吕纬甫是个充满朝气、富有理想、敢作敢当的有为青年。然而时代的迁移、生活的变故足以使人变得面目全非，在随后的十多年里，吕纬甫仅仅为了谋生，他四处奔走，为了养家糊口，他放弃了青年时代的叛逆立场，成为教富家子女读《论语》《孟子》《女儿经》的家庭教师。

这种变故给了吕纬甫沉重的精神打击，他由敏捷精悍、神采飞扬的年轻人变成为神色颓败、敷敷衍衍的中年人。吕纬甫的悲哀在于他已经意识到自己的现实处境和精神状况，却无力改变这一切。“人生最痛苦的是梦醒了无路可以走”，吕纬甫式的孤独的觉醒者在鲁迅的小说集《彷徨》中时有出现，《伤逝》中的涓生、《孤独者》里的魏连殳等，就是吕纬甫的精神兄弟。

当然，小说也没有止于写吕纬甫的颓唐和绝望。小说写吕纬甫回故乡 S 城办了两件事，其一是给早夭的小弟弟迁坟，其二是给顺姑送花。尽管吕纬甫本人反复声称自己大老远回来给死去多年的弟弟迁坟仅仅是为了安慰老母亲，并以此来证

---

① 鲁迅：《〈自选集〉自序》，见《鲁迅全集：第四卷》，北京：人民文学出版社，2005 年，第 468—469 页。

明自己的无聊；但是从吕纬甫对迁坟的细致安排和打开弟弟坟墓后心灵的颤动，都让人感到在他敷衍冷漠的外表下，仍然有热情和活力。

吕纬甫同样把自己遵照母亲嘱咐，给邻居女孩顺姑买剪绒花当作无聊之举；但从他乐此不疲地四处搜求和挑选绒花，从他对自己与顺姑简短交往的真情回顾来看，他仍然能够心怀善良和以诚待人。在小说中，不仅青春飞扬的吕纬甫与中年颓唐的吕纬甫构成了对比；而且在经历变故后的吕纬甫性格坐标上，仍然并置着敷衍与郑重、冷漠与热忱——好的小说就应该这样展示多维的人性。

小说对叙述者“我”之漂泊感受的表现具有动人的力量。“我”回到久别的故乡S城，发现往日同游的友人都烟消云散，只有“我”一人在酒楼独饮闷酒，真正成为S城的生客。在冬天的黄昏里，小鸟纷纷归巢休息，雪片飞向大地的怀抱——目睹此番归家的景象，一种无家可归的心酸和悲怆悄然爬上“我”心。“我”终于意识到“北方固不是我的旧乡，但南来又只能算一个客子，无论那边的干雪怎样纷飞，这里的柔雪又怎样的依恋，于我都没有什么关系了”。游子永远丧失了故乡温暖的怀抱，在人生长夜中孤独地前行。

吕纬甫那个关于蜜蜂苍蝇的比喻也相当意味深长。吕纬甫说：“我在少年时，看见蜂子或蝇子停在一个地方，给什么来一吓，即刻飞去了，但是飞了一个小圈子，便又回来停在原地点，便以为这实在很可笑，也可怜。可不料现在我自己也飞回来了，不过绕了一点小圈子。又不料你也回来了。你不能飞得更远些么？”苍蝇和蜜蜂的飞行呈现为“向着出发点回归”的圆圈图式，小说以此来比拟吕纬甫以及和他有着相似经历的知识分子的人生遭遇，渲染出了深深的悲剧意味。

作品的雪中植物描写苍劲有力、风骨毕现，我们来欣赏这段优美文字：

> 几株老梅竟斗雪开着满树的繁花，仿佛毫不以深冬为意，倒塌的亭子边还有一株山茶树，从暗绿的密叶里显出十几朵红花来，赫赫的在雪中明得如火，愤怒而且傲慢，如蔑视游人的甘心于远行。[①]

① 鲁迅：《在酒楼上》，见《鲁迅全集：第二卷》，北京：人民文学出版社，2005年，第25页。

从整体上看，作品所描摹雪景图的语言是清峻峭拔的，但又于阳刚中交织着柔韧，老辣而苍凉，是一种别具风骨的文体。青年时代，鲁迅受业师章太炎的影响，对六朝文章洒脱自然的文笔细心揣摩和吸收；而他终生喜爱的魏晋作家嵇康诗文清逸脱俗的境界，对他的创作影响更深。

第五节　总结：《呐喊》《彷徨》的成就

在中国现代小说史上，鲁迅的两个小说集《呐喊》《彷徨》，至少在五个方面具有创新性，取得了重大成就。

总结：《呐喊》《彷徨》的成就（视频）

一、新的小说观念

在中国古代文学史上，小说仅被当作茶余饭后消遣的闲书。鲁迅以二十多篇小说实践了清末梁启超提出的“新小说”观念，勾画出了中国现代“沉默的国民的灵魂”，开启了现代启蒙文学的创作之路。

二、新的人物、新的题材

中国古代小说主人公，基本上是勇将策士、才子佳人、神仙妖怪；鲁迅的小说以农民和知识分子生存状态为表现内容。对农民，鲁迅关注他们的精神痛苦和病态；对知识分子，鲁迅侧重于表现他们的心灵创痛和精神裂变。

三、新的审美范式——悲剧美学

中国传统文艺奉行温柔敦厚、哀而不伤的中和美学，反复出现“金榜题名时，洞房花烛夜”的大团圆完美结局，很少表现社会苦难和人生悲剧。鲁迅强调“悲剧将人生有价值的东西毁灭给人看”，其小说直面惨淡的人生，正视社会灾难，以清醒的现实态度和彻底的悲剧精神，为中国文学注入了崭新的美学元素。

四、新的艺术形式——结构、叙述和表现方式

（一）结构方式

中国古代小说以章回为基本框架，采用以故事情节的推动进行布局的方法；鲁迅小说主要通过塑造人物性格和展示心理变动进行布局。

（二）叙述方式

中国古代小说采用从头到尾环环相扣的线性叙述方式；鲁迅小说打破物理时空顺序，在放射状的“心理屏幕”上展示现代人错综复杂的精神状态。

（三）表现方式

中国古代小说注重描绘外部社会生活的光色；鲁迅小说在描写现实中糅入象征主义等表现手段，深入人物灵魂深处，开掘人们的潜在意识。

五、新的现代文学语言——融会古今中外语言优长

鲁迅在《关于翻译的通信》中透露了他的创作对古今中外语言的采纳和吸收：“没有法子，现在只好采说书而去其油滑，听闲谈而去其散漫，博取民众的口语而存其比较的大家能懂的字句，成为四不像的白话。这白话得是活的，活的缘故，就因为有些是从活的民众的口头取来，有些是要从此注入活的民众里面去。”

一起来读读小说《孔乙己》的一个片段，领略鲁迅作品的语言风味：

有几回，邻居孩子听得笑声，也赶热闹，围住了孔乙己。他便给他们茴香豆吃，一人一颗。孩子吃完豆，仍然不散，眼睛都望着碟子。孔乙己着了慌，伸开五指将碟子罩住，弯腰下去说道，“不多了，我已经不多了。”直起身又看一看

豆，自己摇头说，“不多不多！多乎哉？不多也。”于是这一群孩子都在笑声里走散了。

孔乙己是这样的使人快活，可是没有他，别人也便这么过。[①]

这段文字句子精短，节奏轻快，口语化色彩鲜明，与“五四”时期青年作家们普遍使用冗长拗口的欧化句式形成对照。这段文字采用孔乙己的文言句子“不多不多！多乎哉？不多也”，令人捧腹，并努力再现孔乙己给孩子们分发茴香豆、护住茴香豆碟子的系列动作，活灵活现地塑造了一个迂腐而善良的落魄文人形象。从中可见，鲁迅是吸收了通过人物的语言和行动来塑造人物、推动情节发展的中国古代评书体小说的优点来创作的。

这段文字最后一句“孔乙己是这样的使人快活，可是没有他，别人也便这么过”，揭示了周边的人们对孔乙己的冷漠，用语理性而不冷漠，在轻快的节奏中透露着人与人心灵难以沟通的淡淡悲苦。

总之，鲁迅的小说语言清峻通脱、风格毕现、独树一帜，为中国现代白话文学和现代汉语的诞生与发展做出了重大贡献。

参考文献

[1] 周作人. 鲁迅的青年时代[M]. 石家庄：河北教育出版社，2002.

[2] 周作人. 鲁迅小说里的人物[M]. 石家庄：河北教育出版社，2002.

[3] 周海婴. 鲁迅与我七十年[M]. 海口：南海出版公司，2001.

[4] 王瑶. 鲁迅作品论集[M]. 北京：人民文学出版社，1984.

[5] 钱理群. 心灵的探寻[M]. 北京：北京大学出版社，1999.

[6] 王富仁. 中国文化的守夜人：鲁迅[M]. 北京：人民文学出版社，2002.

[7] 王家平. 鲁迅精神世界凝视[M]. 北京：首都师范大学出版社，1999.

[8] 竹内好. 鲁迅[M]. 李心峰，译. 杭州：浙江文艺出版社，1986.

[9] 藤井省三. 鲁迅《故乡》阅读史[M]. 董炳月，译. 北京：新世界出版社，2002.

---

① 鲁迅：《孔乙己》，见《鲁迅全集：第一卷》，北京：人民文学出版社，2005 年，第 459—460 页。

思考题

1. 鲁迅精神人格的现代性价值是什么?

2.《狂人日记》文言文形式的“序”与十三则白话日记的关系是什么?

3. 阿Q精神胜利法的心理和审美内涵是什么?

4.《在酒楼上》中关于蜂蝇飞一个圆圈的文化隐喻是什么?

5. 鲁迅小说集《呐喊》《彷徨》在中国现代学术史上的开拓性意义是什么?

（王家平）

课堂问答选

第一讲　莫言《红高粱》

1. 文中有“使对象陌生，使形式变得困难”一语，“使形式变得困难”是什么意思？

教师回答：“使形式变得困难”的原文出自“陌生化”这一概念的创始者什克洛夫斯基的《作为技巧的艺术》。

在通常的情况下，我们对很多事物熟视无睹，失去了新鲜的感知力，视而不见。作家、艺术家通过杰出的描绘和想象能力，将这些事物的独特性凸显出来，造成审美的新鲜感、陌生感，给读者带来强烈的形象冲击力。例如，红高粱在北方乡村普遍存在，平淡无奇，人们接近它过于轻易，它也容易被忽视。莫言赋予红高粱深刻内涵，用一种独具特色的语言描述，将人物命运、历史风云、“种的退化”等命题融入其中，内涵复杂深刻，理解起来有了困难，却也会使读者因此而加深印象和理解。

2. “被打烂了的人形怪物”这个形象“在读者的阅读中产生修正和补充，产生恐惧和震撼”是什么意思？我虽然在看完这个片段后心里感到恐惧和震撼，但前面的“修正和补充”我不太懂，您可以再详细解释一下吗？

教师回答：“被打烂了的人形怪物”是指小豆官眼中看到的受酷刑之后的罗汉大爷。按理说豆官对罗汉大爷非常熟悉，应该一眼就认出来，但罗汉大爷在身体遭受剧烈摧残之后变化太大，豆官看到的不是可亲可敬的罗汉大爷，而是身体和面部都变了形、被打烂了的人，无法辨认其具体特征，只有人形，却又怪异可怕；如此让读者将这“人形怪物”修正和补充为他就是被殴打致变形的罗汉大爷，并且思考为什么豆官会出现误判，进而感到罗汉大爷遭受的殴打酷刑之暴虐血腥。

第二讲　李碧华《胭脂扣》

您在课程中提到了“严肃文学”这个词，请问什么是“严肃文学”？

教师回答：“严肃文学”与“通俗文学”的名称具有某种约定俗成的性质，前者又有“纯文学”“雅文学”“高雅文学”和“精致文学”的别称；而后者则又被称作“俗文学”“大众文学”。相对而言，严肃文学中充满着一种理性精神和崇高感，严肃文学作家面对洪荒宇宙、无极时空、神奇生命，总是坚持不懈地作逻辑化的理解与探寻，其中总蕴含着一种终极性的思考。而通俗文学把自己的目光向着那些便于把握与理解的事物，更贴近人伦意义上的“生活”，因而更便于普及与流行。

第三讲　当代散文家之巴金、杨绛

对于杨绛先生的“隐身哲学”，根据她“保其天真，成其自然”的人生目标，可以理解为是一种“大隐隐于市”吗？

教师回答：杨绛先生的“隐身哲学”与“大隐隐于市”二者是不同的。前者是“真隐”，而后者则是躲避世俗中的名利而已。

杨绛的人生目标除了“保其天真，成其自然”，还“潜心一志完成自己能做的事”，因此杨绛的“隐身哲学”并非无为，而是要更好地有为。她要躲避的不是整个红尘，而是世俗中的俗事；是要躲避现实中的“无聊”，而去追求精神世界里的大自由。正像夏衍在杨绛八十寿辰的题词里所概括的：“无官无位活得自在；有才有识独铸伟词。”“活得自在”在杨绛这里，不是享受生活，而是要“独铸伟词”。杨绛诸多的翻译作品以及小说、散文的众多创作，都是她所要“潜心一志”完成的事情。其淡泊名利的思想不只是中国传统儒道内核的反射，同时还有西方追求自由思想的元素。她这种至纯、至高的精神追求，使她的作品除了本身的艺术魅力，更包含了崇高的人格魅力。

第四讲 海子和昌耀的诗

1. 课程中提到《太阳·七部书》是“海子自觉而有意识地对人类精神共同体的伟大建筑”,这句话怎么理解?

教师回答:海子极为看重自己后期倾力写作的长诗(大诗),梦想成为一位“史诗诗人”,一直投入《太阳·七部书》的写作。按照西川的说法,海子的写作经历了从《新约》到《旧约》的回转历程。他潜心研读了大量的西方英雄史诗和印度史诗,包括借取《圣经》中的文学资源,力图用汉语写出中国人自己的史诗作品,构建他想象中的异常宏大丰富的史诗空间。海子常说,诗歌是一腔烈火,而不是修辞练习。在《祖国(或以梦为马)》一诗中,海子写过这样的诗句:“和所有以梦为马的诗人一样/我选择永恒的事业/我的事业,就是要成为太阳的一生。”海子把写作史诗的工作拿来与太阳的一生相比,也意味着史诗写作的永恒气质。这种永恒性所面对和处理的,除了人类精神共同体的形而上事务和问题,没有更合适的对象了。这是徒手建造通天塔的热血事业,是一种艰苦卓绝的精神之旅,或称为不可能完成的任务,海子将自己设想为英雄,试图在语言世界里完成一次经天纬地的改造。这是一次写作壮举,为诗人的事业争得了无比的尊严。

2.《亚洲铜》这首诗的元素意识和呼吸特征奠定了海子独特的写作姿态,请问怎么理解这里的“呼吸特征”?

教师回答:所谓“呼吸特征”,其实指的是诗歌作品中呈现出的一种充满活力的动态的生命体征,一个作品有价值有魅力,多半因为它焕发出独特的力与美,它不是死气沉沉的腐朽物,而是生机勃勃的创造物,它像世界上任何一个有机体一样,诗歌作品也有着自身的新陈代谢系统,包含坚硬的骨骼和弹性十足的肌肉,富含水分和气体。在这种情境中,作品的“呼吸特征”主导着作品的气质、语调和节奏。《亚洲铜》是一首奠定海子风格的著名作品,除了深切瑰丽的历史文化想象,它的形式美学也具有革命意义。每节开首都两次反复吟咏“亚洲铜”这个核心词汇,像神秘的咒语,像纯真的童谣,又像和谐的回声,这种诗歌的发声方式,在读者听惯了诗歌中的高声抒情和统一语调之后，是具有解放意义的。《亚洲铜》拒绝陈旧的单一意象式的解读方式，进入多元化的语言自为创造的阶段。“亚洲铜”是一个典型的诗歌意象，但又不仅仅是意象，它具有暧昧的多元性：金属、黄土、大地、文明的器具……更为重要的是，“亚洲铜”在这里已经变成一个成熟的词语，进入语象的世界，是从语言本身开创出的形象，并且具有更高更开放的超现实性意旨。我们读到“亚洲铜”，不知联想到哪些与之相关的形象和隐喻，更能体会和重构语言本身的坚硬的质地、典雅的光泽、清脆的回响以及由它所见证和参与的历史现场，这都是“亚洲铜”这个词语本身在一套潜在的语言系统中所发挥的新功能，这一过程实际上也标志着我们的现代汉语诗歌以及诗学进入一个更圆熟的境界。这种转换，其实就带有呼吸特征，与诗中所描绘的周而复始的生命循环以及中国文化中的圆形时间观相契合。这种呼吸，意味着生命的绵延和在危机面前换气的能力，在诗歌的写作层面都得到了体现。

3. 老师在课程中提到了昌耀《慈航》中的《爱与死》，这首诗歌具体想表达什么？

教师回答：《慈航》是诗人昌耀的代表作，也是承载了极高精神分量和情感浓度的大手笔，是现代汉诗具有里程碑意义的作品。《爱与死》是《慈航》的第一节，也是整首诗的“诗眼”和“诗心”。在西方诗歌里，歌德、里尔克等大诗人都书写过“爱与死”这一生存论主题，但都离不开宗教救赎的背景，具有超验性。昌耀在这里表达的“爱与死”，显然与他在 20 世纪 50 年代至 70 年代曲折跌宕的人生经历有关，体现出鲜明的自传性。诗人在年轻时代被错划为“右派”分子，忍受了 20 余年的流放、监禁和苦役，尝遍了底层和边缘的饥馑、动荡和辛酸，遭受了难以想象的歧视、压抑和创伤，也积累了相当深切的生命体验。更重要的是，昌耀的个体生命历程会通过充满强力的写作成为人类整体精神命运的象征和指引，成为中国当代历史的个案标本，具有启示功能。因此昌耀的诗句在今天汉语读者的眼中格外炫目而令人震讶：“在善恶的角力中/爱的繁衍与生殖/比死亡的戕残更古老、更勇武百倍。”昌耀完成了“爱与死”的中国式表达：爱是中国人所熟悉的具体的爱，而不是西方人称颂的对上帝的爱；死是中国人所乐于接受的生命自然的消融和逍遥，与西方文化里讲的拯救和审判也有区别。经过对“爱与死”的理性认知，我们文化中基本的伦理善恶问题才得以澄明，人生的价值和生命的意义才得以彰显。

第五讲　路遥《平凡的世界》

1. 在恩格斯对巴尔扎克的称赞中有这样一句话：“他在当时唯一能找到未来的真正的人的地方看到了这样的人。”请问“这样的人”是指之前提到过的共和党的英雄吗？“地方”又是什么呢？

教师回答：这里是指1832年6月5日至6日的巴黎起义。参加起义准备工作的有共和党左翼和一些秘密团体，反对路易·菲利普政府的拉马克将军的出殡，是起义的导火线。参加起义的工人构筑街垒，英勇地进行保卫战。有一个构筑在圣玛丽修道院所在地圣马丁街的堡垒，是最后陷落的。巴尔扎克在《幻灭》和《卡迪央王妃的秘密》中描绘了在圣玛丽修道院墙下阵亡的共和党人米希尔·克雷斯蒂安。巴尔扎克称他为“或许还是一个会改变世界面目的大政治家”“法兰西最高尚的一个人物”（引自巴尔扎克：《幻灭》，傅雷译，上海：上海译文出版社，2022年）。

2. 关于经典现实主义的理论问题。我了解到经典现实主义理论包括以下几个特性：形象的独特性、复杂性、真实性；艺术的倾向性。请问老师，真实性是否可以概括为整个历史的真实性？所谓艺术的倾向性指什么呢？

教师回答：马克思、恩格斯创立的经典现实主义体大精深，具有强烈的时代气息和革命家思想家的情怀。其中，真实性的要求是，除了细节的真实，还要再现典型环境中的典型人物，也就是要合乎时代发展的趋向，在无产阶级革命正在兴起的时代，有意识地表现无产阶级的自觉和半自觉的革命意识及阶级斗争。

这也是他们对艺术的倾向性的基本要求，要求无产阶级的作家及其同情者，得风气之先，领悟时代的新趋向，在写作中表现出积极的革命的倾向。如果说，巴尔扎克在19世纪上半叶能够敏锐地发现和歌颂代表了时代进步的共和党人，“在当时唯一能找到未来的真正的人的地方看到了这样的人”，毫不掩饰地歌颂了英雄的共和党人；那么，在 19 世纪的晚期，恩格斯就一再强调，无产阶级革命和工人阶级的斗争，应该进入进步作家的写作视野，应该得到积极的评价。

在恩格斯那里，真实性与倾向性是辩证地统一的。不能够敏锐把握现实的发展趋向，在真实性上就难以充分地实现；对倾向性的确认，则不能够人为地拔高现实，超越生活，将现实和人物“理想化”。

3. 关于孙少安的牺牲问题，可以看作为了家庭的现实而牺牲梦想吗？如果是，为何作者更肯定孙少平？我认为孙少安的默默牺牲才更需要被认可。这是因为历史时期的缘故吗？

教师回答：孙家两兄弟都是时代的先行者，都是作家路遥精心设置和塑造的农村青年一代的正面形象。孙少安并不平庸，他敢于冒着风险在双水村实行包产责任制，敢于领头创办乡村企业，这都是可圈可点的。同时，为了家庭，他也做出了沉重的自我牺牲，作为孙家的长子，他要帮助父亲种粮食，支持自己的弟弟妹妹求学读书；同样因为身在乡村，他不得不舍弃了与田润叶的爱情。正是因为孙少安的存在和支持，弟弟孙少平才得以读书读到高中毕业，才可以在外出打工、寻找人生新出路的时候后顾无忧，部分舍弃了对父母双亲进行日常供养的责任。孙少平的独特魅力在于，处于社会底层，却不忘拓展自己的精神境界，不断开阔知识的领域，提升自己的思想认识；而外出打工承受的劳动强度，和从事煤矿生产担负的危险性，都远远地胜过他和兄长在乡村合作办砖厂的付出和所得。

孙少安脚踏实地，同时又勇于进取，不甘平庸，没有被日常化的生活湮灭本性的善良和奋斗的决心。孙少平仰望星空，又一步一个脚印地奋斗，没有因为获得很多的书本知识而鄙视和逃离艰苦的体力劳动，也没有坠入虚幻的狂想，他将远大的抱负和现实的可能性结合起来。他们两个人，都值得尊敬和赞美，更喜欢两兄弟中的哪一个，则是见仁见智，都可以成立，都有充足的理由。说到作家路遥，他显然更喜欢孙少平，这是因为，他和孙少平在精神禀赋上，在走出乡村，寻找远方，用知识改变命运的人生道路上，有更多的相似性，这也是完全可以理解的。

第六讲　赵树理的小说

1.“地摊文学”具体指什么？是一种社会现象吗？它和通俗小说有什么关系？是不是与今天的网络小说也有关系？

教师回答：“地摊文学”指的是新中国成立前农村基层社会流通的文学读物，其读者人群主要包括农村读书人和略通文字的农民。由于经常是在集市的地摊上销售，其被称为“地摊文学”。其主要包括旧白话小说、唱本、话本、宗教小册子等，价格低廉，为群众所喜爱。通俗小说与地摊文学有重合之处，地摊文学包括一部分通俗小说，但不局限于通俗小说，还包括与地方戏曲、宗教文学有关的许多读物。它和今天的网络小说，在注重通俗性、消费性上有共通之处。

2. 老师讲《李有才板话》时提到“这个政治斗争的辅助者，并不影响他在文化上无处不在的中心位置”，“无处不在”如何理解？如何理解李有才的丑角形象功能？

教师回答：这个“无处不在”只是起到强调的作用，意思是说，在小说所要宣扬的乡村文化中，李有才是处在中心位置的，是非常重要和富有代表性的。李有才的丑角功能，第一是增加小说的幽默性；第二是在必要时出现，推动情节的发展；第三是通过他的快板对现存秩序进行讽刺，起到“讽谏”的作用。

第七讲　艾青的诗歌

关于艾青诗歌的意象中有句话：“艾青虽然在诗歌中不时流露出低回的意绪，但总是发出含泪的礼赞。”这句话怎么理解？具体指什么？

教师回答：由于身处动荡的时代和个人遭遇坎坷，艾青常常意绪低落，这也影响了他诗歌里的意绪，但艾青的杰出之处在于，他没有过多地沉湎于自己的低落情绪，而是在书写悲伤、展现苦难时，能够越过一己悲欢，更多地抒发对民族、人民的爱，这就是“含泪的礼赞”。

第八讲　萧红《小城三月》

《小城三月》中提到，“婚礼上女人们的心照不宣”的含义是什么？“小城”的开明之下，隐藏着更深的既有秩序。我不太懂翠姨为什么害怕“婚礼上女人们的心照不宣”？小城的新与旧究竟指什么？

教师回答：关于“婚礼上女人们的心照不宣”，请参看原文相关部分，由上下文可知：一方面，翠姨的美，让女人们表示赞叹；另一方面，女人们知悉翠姨的家世，明白她的婚姻是一桩不能令翠姨感到满意的婚姻。因此，这个“心照不宣”，就包含了女人们的多重心理：对翠姨的美，有羡慕甚至嫉妒；对翠姨的婚姻，有同情，或者冷眼。而这些心理，不能表现出来，但她们心领神会。同时，敏感如翠姨，也一定会从女人们的眼神、表情中感受到她们的想法，从而加深她的伤怀。

关于小城的新与旧。小城靠近哈尔滨，因而已经有了一些新的社会气象，比如，女孩子也可以上学念书，可以追求时尚服饰，已经感知到自由恋爱的风气，可以参加如打网球之类的时髦社交活动。但这种种的“新”，也不过是表面上的新而已。在人们的伦理观念、价值观念层面，小城遵循的依然是旧有的秩序，比如婚姻上的所谓门当户对、对寡妇再嫁的鄙视。表面新、本质旧，就构成了翠姨的生活空间。她感受到新的时代气息，同时更明白自己只能困守在旧的枷锁里，这是翠姨最大的绝望。

第九讲　曹禺的戏剧

《原野》中的仇虎为什么会自杀？

教师回答：直接原因是仇虎已经被侦缉队包围，无路可走，与其被捕折磨而死，不如自杀。否则如果被活捉，连金子也不能幸免。深层原因是仇虎的“复仇”和对“黄金铺地的地方”的向往，注定了他是一个反抗者，一个不能见容于社会的“野人”，因此他的毁灭是必然的。

第十讲　徐志摩的诗歌

徐志摩的诗歌阅读和理解难度不是很大，但从诗歌艺术的角度去欣赏，应该注意哪些方面呢？

教师回答：徐志摩的文字清新明快，现代诗歌也不像古典诗歌那样有非常深厚和定型了的艺术规范。因此要从诗歌文本入手去加以体会，具体是这三个方面。

（1）形式方面，徐志摩诗歌具有内在外在高度统一的美感。徐志摩诗歌遵从了闻一多的三美的理论，即所谓的音乐美、建筑美、绘画美。此外还有自己独特的实践，这主要体现在他对各种诗体的尝试，他认为每一种诗体都有其最合适的内容来填充，如《我不知道风是在哪个方向吹》，可明显见出徐志摩对十四行诗体和散文诗体的尝试及突破。

徐志摩在诗歌的结构上是独具匠心的，撇开内容单从形式上看，他的诗歌形式主要有以下几种，第一种是比较整饬的方块形，这可能与其受古典诗词的影响，讲求句式、字数的整齐划一有关。如《石虎胡同七号》《康桥，再会吧》《云游》。第二种是长节的矩形块，隔行退格的形式（或多行退格），一般退一格或两格。如《去吧》《为了寻一颗明星》《再别康桥》。第三种是每行齐头，只是从后面看多有参差，形成一个错落的美感，如《我不知道风是在哪个方向吹》《偶然》。第四种是每句均后错一字，形成倒阶梯状，如《沙扬娜拉十八首》及《在哀克刹脱教堂前》的第一节，而其他的诗体多是这几种形式的变体或者是几种形式的综合运用。

（2）格律方面，徐志摩诗歌的创作探索避免了新诗过于散漫、内容流于肤浅空泛之弊，从而使内容更有节制，思想更有深度。闻一多“戴着镣铐跳舞”的诗歌格律理论在徐志摩的诗歌中得到了很好的贯彻。如他的诗歌《海韵》五节，每节的基本格式都是单行加两行退格的形式，并且单行的词句大致相同，只有小的改动，但就是这小的改动却使诗歌一唱三和，回味悠长。

徐志摩对音节的处理，也是“煞费苦心”经营而成的，如《赠日本女郎》：

最是那一低头的温柔,
　　象一朵水莲花不胜凉风的娇羞,
道一声珍重,道一声珍重,
　　那一声珍重里有蜜甜的忧愁——
　　　沙扬娜拉!

从格式上看整首诗歌倾泻而下给人一种气势,其中又有波折,再看用韵,他也深得古典诗词的要领,“柔”“羞”“愁”韵脚和谐,且压平声韵。徐志摩小时候善写骈体文,从中也可以看出其功力。

(3) 意境方面,徐志摩在其抒情诗中营造的诗境可谓美轮美奂。如《再别康桥》一诗,全诗共七节,几乎每一节都包含一个可以画得出的画面。如向西天的云彩轻轻招手作别,河畔的金柳倒映在康河里摇曳多姿,康河水底的水草在招摇着似乎有话对诗人说……作者通过动作性很强的词语,如“招手”“荡漾”“招摇”“揉碎”“漫溯”“挥一挥”,使每一节诗都富有流动的画面美,营造出油画般的意境,给读者视觉上的色彩想象,同时也表达了作者对康桥的一片深情。

第十一讲　周作人的小品文

小品文笔调的精髓是对事实的洞察吗?因为无论是周作人等作家还是阿英等左翼作家,都在小品文里或明或暗地表达着自己对于时事的看法。二者的本质区别是什么?仅仅就是不同的文风吗,还是和政治阶级立场有关?

教师回答:对世态人心的洞察,确实是小品文作家所擅长的。周作人在《伟大的捕风》一文中说:“察明同类之狂妄与愚昧,与思索个人之老死病苦,一样是伟大的事业。”周作人谈草木虫鱼的文章,看似与现实政治无关,其实是用隐曲的方式表达自己的政治立场。20 世纪 30 年代随着小品文运动的发展,分化出两大阵营,一派有意模仿周作人的闲适风格与幽默趣味,一派直接承继鲁迅的批判锋芒与战斗精神。这两种文章风格的区别,背后确实隐含着政治立场及发言姿态的对峙,借用周作人的说法,前者是“言志”的、个体的文学,后者是“载道”的、集团的文学。

第十二讲　鲁迅的小说

阿Q为什么是封建礼教的卫道士？我觉得他是受害者。请问“卫道士”怎么理解？

教师回答：阿Q的确是受害者。他没有家，也没有固定的职业，是一个游走于城乡之间的社会边缘人，是一个深受统治阶级迫害的人。但是这并不等于说他的思想就跟统治阶级完全对立，在某种程度上他的思想意识深受统治阶级意识形态的影响。鲁迅在《阿Q正传》第四章开头部分就写到了单身汉阿Q对于“不孝有三无后为大”等思想颇为认同，作家甚至认为阿Q“他的思想其实是样样合于圣经贤传的”。在第四章里，作家写阿Q“对于男女之大防却历来非常严，也很有排斥异端——如小尼姑及假洋鬼子之类的正气”。作品接着写阿Q对小尼姑的调戏和侮辱。因此，阿Q本身既是受害者，同时他也是加害者。

统治阶级的思想往往也是被统治阶级的思想，关于这方面的论述，引用马克思的一段文字帮助你理解。马克思、恩格斯在《德意志意识形态》一书中说：“统治阶级的思想在每一时代都是占统治地位的思想。这就是说，一个阶级是社会上占统治地位的物质力量，同时也是社会上占统治地位的精神力量。支配着物质生产资料的阶级，同时也支配着精神生产的资料，因此，那些没有精神生产资料的人的思想，一般地是隶属于这个阶级的。”（马克思、恩格斯：《马克思恩格斯选集（第一卷）》，中央编译局编译，人民出版社，2012年，第178页）

教学资源服务指南

关注微信公众号“高教社极简通识”，学生可学习名校通识课，教师可学习教师培训课程、免费申请课件和样书、观看直播回放等。

名校通识课

点击导航栏中的“名校通识”，点击子菜单中的“课程专栏”，即可选择相应课程进行学习。

教师培训

点击导航栏中的“教师培训”，点击子菜单中的“培训课程”，即可选择相应课程进行学习。

教学资源服务指南

课件申请

点击导航栏中的“教学服务”，点击子菜单中的“资源下载”，注册并填写相关信息即可申请课件。

样书申请

点击导航栏中的“教学服务”，点击子菜单中的“免费样书”，填写相关信息即可免费申请样书。

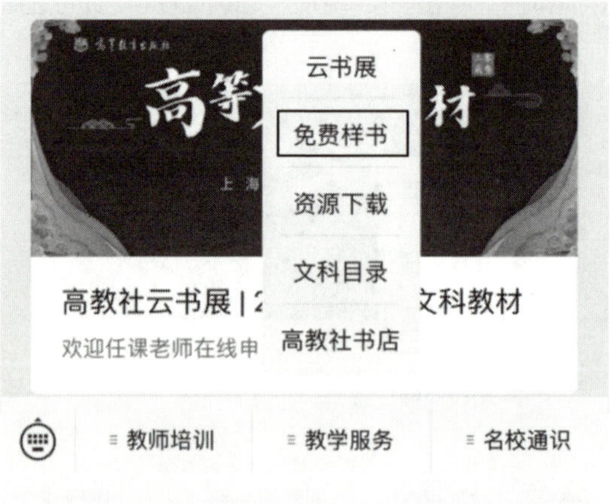